柏拉图与黑格尔的政治哲学

The Political Philosophies of Plato and Hegel

[英] 迈克尔·贝雷斯福德·福斯特 /
（Michael Beresford Foster）

孙铁根 / 译

图书在版编目（CIP）数据

柏拉图与黑格尔的政治哲学 /（英）迈克尔·贝雷斯福德·福斯特著；孙铁根译. —北京：北京大学出版社，2024.7. —ISBN 978-7-301-35191-8

Ⅰ. B502.232；B516.35

中国国家版本馆CIP数据核字第2024MB8283号

书　　　名	柏拉图与黑格尔的政治哲学 BOLATU YU HEIGE'ER DE ZHENGZHI ZHEXUE
著作责任者	迈克尔·贝雷斯福德·福斯特（Michael Beresford Foster） 著 孙铁根 译
责任编辑	王晨玉
标准书号	ISBN 978-7-301-35191-8
出版发行	北京大学出版社
地　　　址	北京市海淀区成府路205号　100871
网　　　址	http://www.pup.cn　新浪微博 @ 北京大学出版社
电子邮箱	编辑部 wsz@pup.cn　总编室 zpup@pup.cn
电　　　话	邮购部 010-62752015　发行部 010-62750672 编辑部 010-62752025
印　刷　者	北京中科印刷有限公司
经　销　者	新华书店 880 毫米 ×1230 毫米　A5　6.875 印张　185 千字 2024 年 7 月第 1 版　2024 年 7 月第 1 次印刷
定　　　价	65.00 元

未经许可，不得以任何方式复制或抄袭本书之部分或全部内容。
版权所有，侵权必究
举报电话：010-62752024　电子邮箱：fd@pup.cn
图书如有印装质量问题，请与出版部联系，电话：010-62756370

献给牛津圣约翰学院的院长和同事
感谢他们一直以来对本人学术上的奖掖

前　言

我旨在将此书写成哲学史方面的论文。如果我要为这本小册子添加一个长篇序言，我会面临明显的指责。尽管如此，我还是忍不住在这里表达我的一个信念：无论过去的时代如何可能，对于我们而言，如果不完全建立在哲学史研究的基础上，真正的哲学科学就不会存在。的确，我觉得用基础和上层结构这样的隐喻来形容哲学与哲学史研究的密切关系是不充分的。因为这样的隐喻会让大家觉得二者的关系只不过在于，哲学史研究是哲学家训练必不可少的预备阶段，是哲学家开始其自己的事业之前必须要经历的阶段。我做出的宣称不仅如此。哲学史研究不仅对于培养一个人形成理智哲思的判断必不可少，而且也是他继续哲思必须借助的手段。哲学思考（philosophize）就是哲学地研究哲学史。

这些对哲学史更高的宣称如果获得普遍认可，就可能预示真正的哲学复兴；最起码我们认识到较低的宣称，这对于拯救哲学于危难也是必要的。只有历史研究这门学科才能保护哲学免于陷入诡辩和神秘这两个极端。除此之外，没有哪门学科能够阻止他们（至少对于职业哲学家而言）逐步陷入"实在论"和"观念论"这两大非此即彼的对立阵营之中。对前者而言，所有严格的科学方法都被用于由纯粹学术兴趣而产生的大量微不足道的细小问题；对后者而言，重要的话题的确得到了关注，但却是作为想象玄思的主题而得到关注，即便它们的信奉者也很难将这些主题看作科学的。这两种方法都不会产生哲学科学，后者处于即使不是高于也是与自然科学和其他科学这些构成现代科学主干的重大学科并列的位置。如果哲学应该达到我所期待的标准，那些寻找它的人们所具有的聪慧和它悠久之名所带来的声望永远都不能让其免除恶名，就像现代科学诞生之初经院哲学所经受的那样。

有人可能会认为，职业哲学家这一阶层的消失并不会导致什么重大损失。即使现在，仍有那么多配享哲学这一名号的思想蕴含在首要不是哲学作家所写的那些作品中。这些作家包括神学家、数学家、自然科学家以及柏拉图或亚里士多德式古典学者。这种情况很可能让人产生猜疑，认为哲学本身根本不是科学，而是某种特定的批判精神或思维的某种概览性（synoptic）习惯，它们只有在非哲学的研究探索中才能加以操作和培养。

哲学洞见只能在对一个确定主题的科学研究中加以培养，除了这种研究之外任何所谓获得哲学真理的方法都是虚假的。这一点我相信的确是正确的。但是由此并不能得出，如果可以表明有一些只有哲学家才适合研究的主题的话，那么职业哲学家就没有合法的用武之地。但确实有这样的一个主题，即构成哲学史材料的伟大作品。哲学史并不是对哲学的历史研究，那只能算是二手的哲学史。

它指的是对伟大哲学作品的批判性理解。如果这种理解不是批判性的或者所加以理解的并不是伟大作品，这种哲学史就是有缺陷的。如果建立在这种研究的基础上，哲学可能会成为在旨趣上超越学术而在方法上又不失科学性的学科。而我并不认为通过其他的方式这是可能的。

要是考虑到当代职业哲学家的实践，上述观点与其说是荒谬，可能还不如说显得平庸。大部分人为了避免陷入我上面提到的两种极端阵营的浮夸，采取了中间立场。他们当中很少有人不把哲学史学习当成至少是培养哲学家必不可少的部分，我们国家的大学中很少将哲学教育建立在其他的基础之上。当代哲学与之前任何时代的哲学的最大差别就在于，哲学史占据了哲学家写作和教学的很大部分。尽管这一原则蕴含的真理可以通过当代如此多实践对之的遵守得到确证，但阐明它并非画蛇添足。人们应该写作和研究哲学史，光有这一点还是不够的，如果人们没有哲学地写作和研究的话。除非历史学家认识到他追求的研究本身就是哲学科学，这一点才有可能。只要他将之视为不同且次于"原创哲学思考"的事业（无论它在这个世界上可能是什么），他创作的作品实际上都不会是真正哲学性的。人们不辞辛苦，将哲学史写成毫无理解性的编年，研究不重要作家的作品，给研究者主要的建议就是说这些作家已经被遗忘；他们只研究这些极端罪恶的例子，在这种罪恶被消除之前错误认识或多或少会影响整个哲学史。这种非哲学的哲学史的存在必然导致读者产生一个长期的误解：哲学与哲学史并没有什么太大的差异。

如果上述就是哲学史研究的话，读者的这种信念是可以被原谅的。但构成真正哲学科学的并不是这样的哲学史。

可能还有一方面，哲学史之所以不受重视缘于实践它的人的某种缺陷。它可能是由于太懒惰这种相反的缺点导致的。像古代哲学的哲学史家处理材料的工作，与古典学者相比较的话，前者很可能就没有后者那么扎实和精确。正是扎实和精确这两点才使得古典学研究有资格被称为一门科学，从而构成了它作为教育学科的价值。古典学者惯于花费时间努力提取某个段落的意义，可能有理由认为哲学史家的方法肤浅。根据他们的观察，后者在一个半小时之内就毫无困难地从泰勒斯跑到了亚里士多德。

我认为，只要哲学史致力于研究观念但却没有对包含于其中的著作有精确知识，它就应该对这种毁灭性的比较保持开放。而这样的研究与真正哲学史的关系就只像肤浅的"文化史"与真正的批评之间的关系。二者都面临类似的缺陷，又都被类似的手段克服。哲学史只有当它采用跟古典学者一样严格的方法的时候才能成为批判性的。这并不意味着它必须采用同样的方法，或者哲学只有建立在学术的基础上才是可能的（不过，正是建立在这一基础之上，牛津这里的哲学院才获得了惊人的成功，这已经足以表明二者之间的密切关系），而是说追求科学的哲学应该将古典学者而不是数学家的精确性当成模范。

我得向大家致歉：尽管我已经推荐了研究方法，它的价值还是需要通过我能否成功实施它来衡量，而我必须留给读者来判断是否成功实施了它。这本书的构思从某种程度上说要比书名蕴含的内容更少，因为我不仅将关注点限定在两位哲学家上，而且还限定在《理想国》和《法哲学》这两部著作上。我尝试让那些尚不能通过原文来学习这两本著作的读者能理解本书（除了脚注和附录）。为了读者查阅方便，我在书后添加了术语表，给出了相关古希腊词语最贴切的英文表达（205 页）。文本中出现的这些古希腊词语我只是做了音译而没有翻译。不过我尝试写出的这本书并不是为还没有学习过这两部著作的读者使用的。

这本书的大部分，尤其是前面的部分，此前在 1932 和 1933 年的牛津讲座中出现过。批评黑格尔的某些论点此前出现在我的一本书中。这本书就是我为获得基尔大学（The University of Kiel）的博士学位并于 1929 年以德语出版的《**黑格尔哲学中作为精神命运的历史**》（*Die Geschichte als Schicksal des Geistes in der Hegelschen Philosophie*）。本书呈现的形式要比之前那本书更为完美，这都缘于科林伍德（R.G.Collingwood）先生的严格标准，这一形式是他任牛津大学出版社委员时监督完成的。我认为，为了回应他的批评，某些地方的论点也得到了加强。马博特（J. D. Mabbott）先生阅读了全部书稿并给了我很多有价值的批评和建议。修订的任务由于他以及其他阅读部分手稿的人而得到减轻，我衷心感谢他们的帮助。感谢巴林顿·沃德（J. R. Barrington Ward）先生在承担检查论证工作方面提供的帮助。

我无法估量这本书的观念受了多少他人的恩惠，但是我在不同时期从鲍桑葵（Bosanquet）的《柏拉图〈理想国〉指南》（*Companion to Plato's* Republic）和斯坦策尔（J. Stenzel）的《作为教育者的柏拉图》（*Plato der Erzieher*）这两本书中获得了很多启发。我希望在这些主题上曾经是我的老师的那些人，斯托克斯（J. L. Stocks）教授、马博特先生、约瑟夫（H. W. B. Joseph）先生（在他关于《理想国》的讲座上）以及克罗纳（Richard Kroner）教授接受我的致谢，并承认属于他们的一切功劳。

M.B. 福斯特

牛津，

1935 年 3 月

文本与缩写说明

我用的是牛津版《理想国》和拉松版《法哲学》(第二版,莱比锡,1921年)。在我为《法哲学》的引文添加页码之处,我引用的是拉松版页码。段落号后面的字母A(比如§279 A)指的是黑格尔出版该书时给正文段落添加的附释(Anmerkung),字母Z指的是从黑格尔讲座的记录中抽取的补充(Zusatz),拉松版中将两者共同置于284—371页出版,但在甘斯(Gans)编辑的文本和戴德(Dyde)的英译本中则分散在各处。①

---

① 中译本参考柏拉图:《理想国》,顾寿观译,长沙:岳麓书社,2018年;黑格尔:《法哲学原理》,范扬、张企泰译,北京:商务印书馆,2009年。部分根据原文有改动。本书注释中的中文版页码为译者添加。引文当中的重点(黑体)为本书作者所加。——译者注

目 录

I. 城邦和国家作为政治哲学的对象 / 1

    附录 A 柏拉图对城邦的三重划分和劳动分工的混淆 / 35

    附录 B "第二次教育"的产物是立法者(νομοθέτης)

            还是护卫者(φύλαξ)？ / 37

II. 柏拉图笔下的正义与自由 / 39

    附录 C 柏拉图那里的教育和统治 / 69

III. 黑格尔对柏拉图的批评："主体性要素" / 71

    附录 D 柏拉图笔下的节制(Sophrosune)德性 / 96

    附录 E 黑格尔对柏拉图的批评，与其他关于"主体自由"的

            引用等；它们的模糊性 / 99

IV. 法律作为国家中自由的条件 / 111

V. 黑格尔笔下的"市民社会"与国家 / 142

VI. 统治者与主权 / 178

术语表 / 202

译后记 / 203

I

城邦和国家作为政治哲学的对象

"什么是政治哲学的对象?""政治哲学关于什么?"如果我们问这种问题的话,答案在某种意义上很简单。至少我们可以说,古希腊政治哲学关注的是城邦(Polis),现代政治哲学关注的是国家(State)。

二者之间的差异有时可以表述如下:古希腊政治哲学面对的是城邦-国家(City-State),而现代政治哲学面对的是民族-国家(Nation-State)。我想避免使用"民族国家"这一术语,因为它暗示国家不同于城邦的地方仅仅在于疆域规模这一偶性。而这种暗示是错误的。城邦并不是微型国家。我的目标之一就是要证明城邦缺乏或者至多只是不完美地展现了我们称为国家之物的本质特征,而正是从这些缺陷中我们才能得出古代政治哲学的特性,从而使其区别于国家这一现代对应物。

不过现在我还是想考察一下国家和城邦共同的特征,正是由于这个特征,它们才是或曾是政治哲学这同一门知识门类的对象。这个问题的答案仍然毋庸置疑。城邦和国家，无论它们之间有多少差异，都是政治组织（political association）的形式，正是这一点才使得它们都可以成为政治哲学的对象。政治组织的本质特征是什么？我们有必要提出这一问题，而且它有助于我们将其他两种组织概念排除出去，因为它们缺乏这一本质特征。

在纯粹物理世界，根据今天被称为"经典"物理学所设定的观点，物质微粒聚合而形成不同的物体。但是科学知识的对象是微粒的本性，而不是聚合物的本性。物理学的真正对象不是桌子和椅子，而是构成它们的原子。人们相互联结构成政治共同体，它所依赖的原理如果与原子聚合形成物体所根据的物理世界的理论没什么不同，政治哲学研究也就不会有本己的对象。科学知识之可能对象是人的本性，而非城邦或国家的本性。

在有机世界可以发现另外一种不同的组织形式。有机体被其成员构成的方式并不同于物质原子构成物体的方式。有机统一体的原理似乎是，其构成成员由于彼此的差异而联系在一起。生物器官之间"彼此依赖"。我们之所以将器官的整体称为单一的动物，而不是要素的聚合，就是因为要素彼此不同并且由于这种不同而彼此互补。这样一种组织的产物拥有同质物理微粒的单纯聚合并不具有的自身本性，从而成为科学理解的恰当对象。黄蜂或海绵这种有机体具有的本性是生物学研究的对象。

这种有机统一的类型可以在所有生物中发现，而且除了个别有机体之外还能在别的地方被发现，比如它可以在动物社会中被发现。多种蜜蜂可以联系在一起，我们不称它们为单纯的复多，而是以单数称之为"一个蜂巢"。这种统一性很明显依赖于构成成员的差异化及其功能的专业化。像个别生物的有机统一一样，动物社会的有机统一也是生物科学的对象，尽管可能会属于不同的分支。

如果人类组织共同体依据的只不过是这种有机统一，人类组织就可以是自然科学的恰当对象。但是存在政治哲学这门科学，而且它不同于自然科学，这就预设了它的对象由不同于有机统一的原则构成。有机统一体的产物仍然是自然对象，而政治哲学的独特性就预设了它的对象不仅是自然的，而且还是精神的[①]对象。如果城邦和国家这种政治组织的产物不仅是自然对象，它们的成员联结在一起的方式所依靠的就不仅仅是有机统一这个原则。

对这一点的强调非常重要，因为最近有很多政治哲学（尤其是"唯心主义"哲学）都重视国家的有机本性。他们将劳动专业化视为功能分化的例子，将不同的贸易和职业之间的相互依赖视为联结人类社会的纽带。我们必须再说一次，如果人类社会展现的仅仅是这

---

① 我意识到在这里使用的"精神（Spirit）"这个术语的危险性。我用它指"自然（Nature）"的对立面。在本章后面我将尽力给它一个更加充分的内涵（比如本书26页以下）（本书页码均为英文版页码，即中文版边码，下同。——译者注）。它很危险这一点有理由让我们谨慎使用它，而不是弃而不用。此外，与它相对的"自然"一词也同样危险，因为这一对相互关联的术语的任何一个都必然因另一个概念的模糊性而受到影响。如果对"下"的意义有任何怀疑，那你就不可能清楚理解"上"的意义。对清晰思考而言，更大的危险在于轻易使用"自然"这一术语的人，他们甚至都没意识到它有一个相关术语。而正是这种未被表达出的相关术语（即精神——译者注）的意涵才给了"自然"这一术语以特殊的含义，从而使其区别于古希腊术语 φύσις。

种纽带,那么管它叫作"政治的"社会就没有意义,也就没有理由将其作为政治哲学这样单独一门科学的对象,后者声称在种类上不同于生物学或任何其他自然科学。这样的话,人类社会联系在一起的纽带,与动物社会的不同并不是在种类而只是在复杂程度上。一群蜜蜂当中的不同成员彼此依赖而联系在一起,如果人类社会与之没什么不同,人类社会的结构就是生物学的恰当对象,而不是任何所谓的政治哲学的对象,因为它并没有展示出不同于生物学研究的某种统一性,而仅仅提供了同一类统一性的又一个例子。

在柏拉图《理想国》的论证中,城邦的确展现出超越有机统一体的第三类统一体的特质,因此它构成了政治哲学的本己对象。这一结论尽管没有明确表达出来,但却暗含其中。

我强调"不只是有机体"是因为,它并没有否定说城邦不是有机体。我上面提到的统一体形式中没有哪一个将次级形式排除在外,而是超越地附加在(super-imposed)它们之上。任何生物同时也是物体,由物质微粒按照机械法则相互作用而构成。生物统一性是有机的,这句话并不否认它也具有物质本性,而是说它展示的统一性超越了(over and above)物体的统一性,从而蕴含着比后者更多的东西。

同样,当我们说人类社会是或可能是政治的,这句话并没有否认这样的社会可以展现动物组织的形式,而仅仅是说它展现了更高的统一形式。任何一个人都同时是动物,就像任何生物同时是物体一样,因而任何政治社会都同时包含某种动物或自然的基础和次级结构在内。

因此,"城邦展现了某种有机或自然的统一",与"这种统一不只是有机的",这两个宣称之间并非不一致。人类社会是为了满足生命需要从而彼此依赖的组织,但这样一种组织并不构成真正被称为城邦这种政治组织形式的东西。柏拉图可能会同时持有这两种观点。

柏拉图那里的困难在于,尽管他明确肯定了前者,但却仅仅暗示了后者,他从来没有清楚意识到,这样的暗示会带他远远超出其最初的宣称。或者更准确地说,他一直在宣称城邦的政治统一性,但却没有意识到,他所做的只不过是在重复有机统一体的那个最初宣称。

因而柏拉图的论证中有两条线索或支流(currents),前者是明确的,后者是隐含的。前者主张,城邦展现出有机的、自然的统一;后者的意思是,城邦应该具有超出其自然统一体的种差,这一种差构成了城邦本质性的东西,而自然对象并不具有它。

我将简要勾勒一下柏拉图论证中的这两条线索。前一个论证是,城邦(至少)得是一个有机统一体。它可以在通常称为《理想国》"最初城邦"(the "first city", 369a-372d)的描述中找到。柏拉图称其为关于城邦"生成(becoming)"而非"存在(being)"的描述,它的目的是表明城邦如何生成①,而非其本质为何。② 我们并不

---

① γιγνομένην πόλιν,《理想国》369a。
② 同样的区分参见亚里士多德:《政治学》第一卷第 2 章,1252b30,πόλις…γινομένη τοῦ ξῆν ἕνεκεν, οὖσα δὲ τοῦ εὖ ξῆν("城邦的长成……其实际的存在却是为了'优良的生活'",中译文参见吴寿彭译本,商务印书馆,2017 年,第 7 页。)

能立马就弄清楚这一区分。我的建议是，我们应该将其理解为下述二者之间的区分：所有人类组织的动物基础与专属于理性动物的组织的更高特征。如果后者是可能的话，它就使得理性动物的社会不仅是动物的，而且还特别是政治的。①

如果我们理解了柏拉图所说的，我们就能够更好地对这一建议做出判断。"城邦的起源……在于我们没有一个人是自足的，而是相反，我们每一个人都有很多缺乏和需要。"② 任何人都有诸如衣食住等各种需求，而每个人在满足这些需求方面又都很有限。几乎任何人都可以是技术熟练的农民、织布工或瓦匠，但是没有人对这些全部在行，因而每个人都依赖于他人提供某种自己的技术不能满足的需要。这种互相的依赖就成了人类组织的普遍纽带，甚至4—5个人通过这一纽带就可以联结成最低限度的城邦（a Polis in germ）。③

很明显，这种社会的统一性就是我们称为有机的那种类型。它为了满足生活需要，得依赖于个别成员的不同能力，而如果没有了能力上的差异，这种社会就会立即解散。同样行业的4—5人构成的并不是最低限度的城邦，而是个体的多样性。整体的统一性要依赖

---

① 或许 γίγνεσθαι (becoming) 和 γένος (genus) 在词源上的相近性有助于澄清柏拉图的意图。动物是人的属，理性是人的种差；因此城邦按照属而言是建立在动物需要基础上的组织形式，按照种差而言则是政治组织形式（这一限定还有待进一步规定）。因而 γιγνομένη πόλις 这样的描述，作为属一级的规定，是按照**属加种差**对城邦进行完整定义的第一部分，从而构成《理想国》中的主要论证。

② 369b.

③ 369d, ἥ γε ἀναγκαιοτάτη πόλις.

于个别功能①的专业化，这就是我们所熟悉的劳动分工。

柏拉图通过稍微深化了一下劳动分工原则而结束了他对"最初城邦"的勾画。农民不能制作自己需要的所有工具，这些将由专门负责制作的手艺工匠提供给他，这样就进一步产生了铁匠和木匠之类的行业。但这种逐渐增加的复杂性仅仅是有机统一原则的扩展，并不是其他原则的引入。

当柏拉图完成这一勾画之后，格劳孔对此做出了著名的评论：这是"猪的城邦"。②尽管他只是就柏拉图为其公民制定的食谱太过简单而做出这一评论的，但是他的这一批评可以合理地扩展到对城邦的整体规划。它并没有展示出任何超出动物共同体的特征，它与自然有机体所展现的统一性在种类上是一样的。

这一城邦当然不是《理想国》的主题，它要阐明的是理想城邦（the ideal Polis）。这一理想城邦在很多重要的方面与之不同。如果我们想要确定这些重要的方面，我们应该获得回答这一问题的线索：什么构成了政治组织的种差从而使其成为政治哲学的真正对象？这个问题我们迄今还没有试图去回答。

柏拉图将理想城邦设想为从"最初城邦"中发展而来，我们必须简要考察一下他对这一发展的描述。③他赋予"最初城邦"的典型

---

① ἐν ἔργον ἕκαστον πράττειν, τό τά ἑαντοῦ πράττειν. 参见《理想国》第三卷，391e，397e，406c，e；第四卷，433a，441e。

② 《理想国》372d。

③ 《理想国》372e 及以后。

特征是"健康"。① 我们可以将这一术语改述为"平衡"或"和谐"。它指的是，行业或技艺②之间彼此的协调（co-ordination），而非单个行业产生的功能，构成了它们统一的纽带，就像生命体的健康不是任何一个器官的功能导致的，而是由于所有器官的平衡以及彼此在功能上的协调。

"最初城邦"发展为理想城邦的第一步在于这一原始"健康"的丧失。柏拉图说，我们继续考察城邦，"不只是在其生成（起源）过程中，还要在发烧状态中。"③ 发烧状态的出现缘于功能之间的和谐被打乱了，而这种和谐构成了原始共同体的特征。柏拉图认为，这种失序由奢靡的增长引起，它扩大了人们的需要，因此扩大了用以提供这种需要的工匠阶层，直到最终人们自己的共同体不能满足这种需要为止。当达到这一点的时候，共同体就不得不通过攻击邻国而满足自己的匮乏。这样，柏拉图就在城邦的发烧中找到了战争的起源。④

不只是这一共同体攻击它的邻居；如果后者也像自己一样正在发烧，共同体就要预料到他们的攻击。而保卫自己免受侵略的这种

---

① 《理想国》372e, ἡ μὲν οὖν ἀληθινή πόλις δοκεῖ μοι εἶναι ἣν διεληλύθαμεν, ὥσπερ ὑγιής τις（"方才我们说的，依我看，是个真正的城邦，一个，可以说，健康的城邦"，中文版，第80—81页）; 373b, ἐκείνη ἡ ὑγιεινή（那个健康的城邦）。

② Τέχναι, 技艺。

③ 《理想国》372 e, τρυφῶσαν。

④ 《理想国》372 e；关于这一点，进一步参见本书第35页。

必要性就导致一个全新阶层在本邦之内形成，从而附加到已经存在的阶层之上，而这一阶层就是军士或护卫者。他们应该"能够为了保卫我们的全部财富，并且也为了我们方才所说的一切而开拔出去与面对面相遇的敌人作战"。①

柏拉图毫不犹豫地认为，护卫城邦的职能像农业、制鞋以及任何其他需求的满足一样，必须分配给某个特殊阶层。他诉诸之前已经阐述过的劳动分工的原则来支撑他的观点。② 但是非常重要的是，我们需要认识到，护卫城邦的职能并不能真正与满足其成员的这样那样的需要这一功能相提并论。军士的职能并不是满足这种需要，这一阶层是为了维持平衡的需求满足系统的团结一致（integrity）。军士专业化为某个阶层，这起码不是对劳动分工原则的简单运用，因为护卫阶层的职能就在于保持这种分工以及依赖这种分工的各器官的协调。

如果我们追随柏拉图对护卫者阶层这一观念所做的进一步发展的话，与这里相关的原则会变得更加清晰。当他们最初被引入的时候，护卫者唯一的职能就是保卫本邦公民，反抗外邦之敌。柏拉图似乎只是逐渐才意识到通向下一结论的道路：这一阶层，或者这一阶层的进一步划分，还必须被赋予一个更加重要的职能，即统治的

---

① 《理想国》374 a，意译。
② 《理想国》374 a-e。

职能。①

护卫者阶层需要进一步细分，是因为柏拉图认识到，护卫者所实施的职能本质上并不简单：它是双重的。它必须维持②原始共同体的平衡，既要反抗外部也要反抗内部的扰乱。像前者一样，后者的必要性在城邦"发烧"状态变得明显，因为"发烧"不仅会引来外敌的侵犯，还会导致（或者就是）内部平衡的扰乱或失序。护卫者保存城邦的工作必须具有双重形式：一方面对外排除侵犯，另一方面对内恢复秩序。前一方面的工作适合于军士，而后一方面则适合于统治者。统治者不得不阻止和治愈失序，失序要么是由于国家的某个行业或部门没有履行它应有的职能，要么是由于被其他城邦的某个地方入侵。③

---

① 《理想国》389d-390d 处，柏拉图关于培养军士克制（αωφροσύνμ）的全部描述，预设但没有明确将统治者（άρχοντες）作为单独的阶层而存在，从而使得军士服从他们（389e："他们服从自己的主宰者，而他们自己则主宰着来自饮酒、情欲、饕餮的快乐"）。在 398b 处讨论的全部教育规划指的是对军士（στρατιώται）的教育，这个词似乎比护卫（φύλακες）更能体现它与统治者（άρχοντες）的相关性。在 405a 处，我们得知，城邦的性情（τρυφή）会产生出医生和**专业法官**这样独立的阶层。专业法官就是统治者（άρχοντες），只不过还没有作为独立的阶层被引入（409a, 433e，"你是要把主持正义刑律的事委托给它的统治者们？"）；在 412a 处，第一次明确得出了这样的意涵，即迄为止针对军士做出的全部教育意味着一个监护或守护着的人（επιστάτης）的存在，而且我们得知（412b），我们必须在护卫者阶层自身内部区分统治者与被统治者。柏拉图接着刻画了统治者必须经受的考验的情况（κατάστασις τών άρχόντων），统治者被明确地当作城邦内的第三个要素（用了不同的表达，412c 处是φνλακώτατοι πόλεως [城邦的居住者]，414b 处是 φύλακες παντεγείς [无所不在的守卫者]，τέλεοι φύλακες [完美的守卫者]）。

② 或重建。

③ Πολνπραγμοσύνη.

因此统治者这一阶层如果被要求独立存在的话,其第一职能很自然就会被认为是管理(government),对失序进行刑事压制意义上的管理。①

还有第二条思想线索,它也导致柏拉图得出同样的结论,而且更加重要。这就是,在决定必须得有一个负责捍卫城邦的特别阶层之后,他指出,构成这一阶层的个人必须有资格承担这一任务。这种资格不仅在于战争性格②这样的自然禀赋,还在于包括技艺和身体操练③在内的教育过程④,后者使得战士的自然禀赋朝向其意图服从的目的,从而将其培育成为公民勇敢的⑤德性,而不是如其必然会堕落的那样沦为混乱的争斗。由此引入了对护卫者(仍然完全作为战士)进行教育的讨论,它占据了第二卷和第三卷的大部分篇幅。⑥在详细刻画了为战士制定的教育过程之后,柏拉图指出,如果这一教育真的能够被实施,城邦中必须得有一个能够制定它的人。⑦他已经

---

① δικάξειν,参见《理想国》第三卷 405 以下以及 433e 处。ἤ ἄλλον οὑτινοσοῦν μᾶλλον ἐφιέμενοι δικάσονσιν ἢ τούτου, ὅπως ἂν ἕκαστοι μήγ ἔχωδι τἀλλότρια μήτε τῶν αὑτῶν στερώνται.[使每一个人既不得占有他人的占有,同时他自己的所有也不为任何其他人所褫夺]政府的首要职能在于"维持秩序",我们自己经常使用这样的表达,但几乎没有反思过它维护的秩序或失序到底是什么。柏拉图将政府维护的秩序界定为:维持"原始城邦"中自然存在的东西。

② 《理想国》374e 及以下。

③ μουσική(音乐)和 γυμναστική(体操)。

④ 《理想国》376c;430b 处明确否认护卫阶层的 ἀνδρεία(勇敢)可以是 ἄνευ παιδείας(未受教育的)。

⑤ πολιτική ἀνδρεία(政治勇敢),430c。

⑥ 《理想国》376e-412a。

⑦ 《理想国》412a。

表明了，与护卫者相适合的性格之产生要建立在人文教育和身体操练这两种教育成分的适度混合上。但受教育者不必知道这两种成分混合的比例，或者这种比例为何是正确的。"为何如此做"，并不构成"它应该如何做"这一品德的必要部分。为了让护卫者产生勇敢（Andreia/courage）这一公民品德（civic virtue），教育者有必要保证这种比例的正确性，但却没有必要让他们理解这种正确性，或者意识到什么使得这种比例正确。但是塑造护卫者性格的教育者要比受教育者具有更高的德性。为了能够产生所需要的性格，他必须**知道**（know）教育成分混合的比例。因而一个国家中军士阶层的生产必然预设了一个更高阶层的存在。这一阶层有能力规划军士的教育，而这就是最严格意义上的统治者阶层。

上面两条思想线索都能让我们意识到对护卫者阶层再次分层的必要性。而且无论顺着哪一条线索，我们都能够发现统治者阶层具有的根本特征是一样的。如果它要防止城邦内的失序以及维持或恢复良好秩序或和谐这一城邦的原始"健康"的话，它就必须得知道这一和谐所依赖以及良好秩序所包含的内容。如果它要训练城邦的守卫以防御外敌的话，它就必须得知道用以指导该训练的原则。它必须拥有的德性是洞见（insight）、知识或智慧。[①] 这一德性并不是用来追求任何特殊技艺或行业的知识，而是关于不同行业的平衡以及把不同的工匠联结在一个组织中的秩序之知识。它不是技艺性的

---

① σοφία.

知识而是政治智慧。尽管如此,柏拉图还是运用劳动分工这一旧原则而将这种知识分配给某一单独阶层专有。①

在追溯这一论证的过程中,我们大部分重点都在强调为什么统治者需要作为一个单独的阶层从而区别于柏拉图后来称为"辅助者(auxiliaries)"的护卫阶层。但是不能忘记的是,这仅仅是在护卫者内部的区分。因为作为政治组织的理想城邦不同于"最初城邦"(并非政治组织)的地方恰恰就在于将护卫者阶层包含在内。我们在护卫者阶层的职能中找到了一开始就追问的问题之答案:什么是政治组织的种差?对这一职能的理解预设了对形式(Form)与质料(Matter)这一古希腊重要区分的理解。

形式不仅构成了一个对象与其他同类对象类同的同一性(identity)原则,而且也提供了该对象之所以能被视为单个对象的统一性(unity)原则。因此一张桌子的形式就是在对其定义中被把握的本质,而且这种本质就相当于是它的目的或意图(end or purpose)。这种形式不仅在所有桌子中是同一的,而且也是每一张桌子的统一性原则。正是它赋予感性"质料"未规定的多样性以秩序,使得各种不同的感性性质融合在一起从而构成一个单一对象。特殊的颜色以及硬度和光滑度这些特殊的触觉性质,它们之间在本性上并没有什么相似性,它们之所以"共属一体"是因为一张桌子的形式、规划或设计要求其共存(compresence),彼此联结从而产生一个统一体。这种统

---

① 进一步参见本书第 29 页以下;参见本书附录 A,第 36 页以下。

一可以通过一个单称名词加以指示。没有这种形式和质料的统一，任何对象都是不可能或不可设想的。而这两者中形式是普遍和理智的，质料是特殊和感性的。

在像桌子这样的技艺产品中，工匠通过赋形（information）构造出对象。而这一工作需要由对蕴含在对象之中的普遍形式的理智把握来引导。在自然物中形式是现存的，因此它不需要事先被理解就能出现。形式控制自然物的生成，而对形式的维持就构成了自然物的福祉（wellbeing）或健康。

健康是对生命体形式的保存，但是对它的保存并非任何个别身体器官的功能。某个器官可以排汗，另一个分泌胃液等等，但是没有哪个器官可以产生健康。它需要依赖（或者**就是**）所有器官在功能上的平衡或和谐。身体健康的实现，并不需要我们事先知道它的形式。只有在它缺乏健康从而不得不通过医生的技艺对之加以恢复的情况下，关于形式的知识才有必要先于对它的恢复而被获得。这种恢复的健康，同不需要医治的身体的原始健康一样，也不是任何单个身体器官的功能。它是理性的工作，或者说是被理性引导的有目的之工作，而且它还不是靠身体恢复健康，而是靠医生的医治。靠医生的技艺恢复健康的身体并不是符合自然领域的东西。尽管我们可以认为一个病人可以是他自己的医生并靠对形式的自觉掌握而实现健康的恢复，但是这种恢复并不是自然的过程，也不是任何单纯有机体就能达到的结果。它预设了某种高于他身体器官功能的东西，即理性的活动。后者不是任何器官的活动，因为它是对所有器官活动的调控。

我们已经使用生物有机体的类比来解释柏拉图的"最初城邦",在其中每个行业都对应一个身体器官,而整个统一体对应身体不自觉达到的健康。但是在从"最初城邦"向充分发展的城邦的过渡中,这种统一受到了威胁并得到了自觉的恢复。护卫者阶层的引入就是为了维持这种统一。他们的任务不再类比于任何身体器官的功能,而是类比于理性目的性(reasonable purpose)活动。健康成了这种理性活动的自觉对象。[①] 有机体的类比不能从"最初城邦"扩展到理想城邦[②],因为在理想城邦中某个阶层并不是通过类比于某个器官而被引入的。其理由在于,这个阶层的目的并不是发挥某种机能,而是要维持机能之间的平衡,后者才构成了城邦的健康和"形式",对其不同构成要素的各种活动进行统一。

我们可以回到一开始问的那个问题:什么是**政治**社会的独特性质,使其区别于其他在自然领域中发现的组织形式从而构成政治哲学(而不是生物学之类)的恰当对象?上面的分析已经表明,如果能够发现《**理想国**》中充分发展的理想城邦与"最初城邦"的区别,我们就可能会发现这一问题的答案,哪怕它只是柏拉图的。现在,

---

[①] 严格来说,城邦的形式并不是护卫者而仅仅是统治者的自觉对象。

[②] 如果我们试图如此扩展,我们就得承认,城邦唯一的类比之处就在于它的某种奇怪而庞大的成长,理性在其中以某种无法想象的方式被定位在一个新的、从未出现的器官中。当从"最初城邦"向理想城邦过渡的时候,柏拉图用人类灵魂的类比取代了生命体的类比(蕴含在健康隐喻中),而人类灵魂无论如何也不是有机体。

二者之间的一个重大区别已经很明显了。在"最初城邦"中构成其统一性（劳动分工和行业和谐）的形式是自然的，因为它是原始的，是不自觉意图的产物。在理想城邦中，同一性形式得到恢复，而且它的正义要完全依赖于这一条件：得到恢复的形式应该与自然的形式相同。但是对其恢复的过程则是贯穿自觉的意图的行为。

因此理想城邦与"最初城邦"相同的地方在于它的形式也是为自然所规定，而不同的地方在于它需要技艺才能产生。"最初城邦"的成员被设想为按照一定形式①统一在一起；不同于此，理想城邦的成员则是按照关于形式的**知识**才统一在一起。

这并不是无关紧要的差异②，而是引入了一个不同于我们之前考察的任何一个组织原则的原则。我们尤其要避免陷入一个误解，即认为关于理想城邦本质形式的知识只是附带的意识，仅仅**伴随着**平衡的恢复，而这一平衡此前由于城邦的发烧而被打乱。相反，关于形式的知识必须先于对平衡的恢复。它在任何城邦都是从原始纯真状态中产生，而只有在这种知识的强化下城邦才能保持统一和和谐。如同医生的医学知识相对于其所治疗的患者的康复而言并不是附带的，或者制陶匠关于陶器用途的知识相对于其将陶土铸模成型的过程而言并不是附带的一样，关于城邦形式的知识也不是附带的。

---

① 整体的有机统一。
② 比较康德在符合法则规定的行为与被法则概念规定的行为之间的区分，前者是自然的，后者则是道德的。斯宾诺莎的自由概念的不足就在于没有认识到这一区分，他将自由界定为对法则的理解，这种法则无论人们是否理解，都会决定其行为。

所有自然的统一体,即自然物,依赖于形式的存在。而城邦的统一体,不是作为自然统一体,而是作为技艺产物的统一体,依赖于形式被知道(form's being known)。理想城邦的形式一直存在着,因为它在理念界永恒存在。而只有当统治者获得了关于城邦形式的知识并通过这一知识在尘世的城邦中将其实现,它才是现实的。

城邦之所以超越自然物就在于那些让它接近技艺产物的东西,即它的形式只有通过被知道才能得以实现。对政治社会这一独特性质的认识构成了柏拉图对政治哲学做出的具有永恒价值的贡献。

的确,柏拉图从来没有用这么多话来表述这种政治社会的理论。他既没明确区分自然科学和哲学,也没有区分自然组织和政治组织。在《理想国》前几卷的某些段落中他很明显**只是**通过缺陷来区分理想城邦和"最初城邦",亦即,人从发烧中恢复的状态和从来没有发过烧的人的状态之间的区别。① 但是,整部书要求放弃上述观点。理想城邦使得统治者和辅助者德性之实现成为可能,而"最初城邦"不行。因此它自身必须拥有某种 "最初城邦"没有的完善性(perfection),而我们上面刻画的就是这种特殊完善性。因而我们有理由说是柏拉图将这一性质赋予了政治社会。

但是如果说柏拉图得出了上文所述论证的意涵,那么他会拒绝从中得出进一步的论点。柏拉图肯定了城邦形式由自觉的活动所赋予这一论点,但是他同样否认这一形式受到此类活动的决定或任何

---

① 比如《理想国》,405a-c。

影响。① 他肯定了统治是在理性指导下赋予秩序的活动，但是拒绝承认这一秩序可以加诸统治者本人。实际上我们必须得出这样的论点。在理想城邦中存在一个赋予和维持城邦形式的机构，正是它才使得这种理想城邦的形式区别于原始城邦的形式。而统治者本人作为一个阶层被包含在他们所统治的城邦之中，仅此事实就有必要使他们在城邦中维持的秩序施诸自身。如果得出这些进一步的意涵，我们就从古希腊的领域跳跃到了现代政治哲学的领域。柏拉图理论中的主要矛盾和混淆，其根源就在于他没有得出这些意涵。

柏拉图的观念有积极的贡献，也有其局限性。二者最清楚地体现在他的技艺（Techne/art）② 统治论中。因为古希腊语意义上的这个词体现了"技艺"活动的两个特征：它既涉及对某种计划的实现，而这种计划并不受实现过程的影响；同时也意味着赋予工匠自身之外的某种材料以形式。我们必须从其贡献和局限性这两方面简要考察一下这种关于统治的学说。

形式，如我们上文所看到的那样③，既是普遍又是理智的。统

---

① 柏拉图对城邦"正义"的整个辩护都依赖于这一论点：城邦形式是"自然的"，亦即从原始共同体到理想城邦其内容没有发生变化。

② Τέχνη：这个词用在描述原始共同体的构成要素时，被我译为"行业（trade）"或"技艺（craft）"。这个词的使用很容易让柏拉图忽视这一事实，即在引入统治阶层的时候，他引入了一个不同的组织原则。对柏拉图而言，"最初城邦"本质上是技艺的组织，而加入一个统治阶层不仅仅是添加了一门技艺而已。参见本书前文第12页和附录A，第35页以下。

③ 前文第13页。

治,作为实现形式的活动,既朝向普遍之物的具体化,又事先被对这种有待具体化的普遍之物的理智把握所支配。与技艺的类比异常清晰地解释了这两方面的特征。首先,由于工匠不能偏离其本己目的,他的工作需要被有待实现的形式引导和控制。他的目的从来不会被其工作的细节诱导,尽管这些细节本身可以成为目的,但它们却被导向整个计划;而且正是出于整个计划的要求他才会朝向这些细节。雕塑的工匠必须将塑像雕成某个特殊的大小,比如这个肢体有3英尺,不多也不少,角度精确到43度。但是如果他认为3英尺长内在就蕴含着卓越的东西,他偏好这个角度不是因为它被整体效果所要求,而仅仅是因为它包含43度,亦即他认为特殊之物内在就是好的,而不是因为它蕴含形式才是好的,那么在这种意义上他就算不上是工匠。

其次,这一类比强化了统治者(尽管不包括军士)职能的本质特征,即统治者像工匠一样,事先必须对其工作有待实现的形式拥有科学的洞见。[1] 因而这一技艺类比既解释了统治活动属上的本性,也解释了它的种差:它致力于实现普遍之物,同时它被对有待实现的普遍之物的理智把握所引导。

由于普遍之物只能通过理性才能被把握,而对它的实现是意志活动,统治与技艺的比较就意味着,统治者行动的理想在于意志(will)完全隶属于理性(reason)这一活动。

---

[1] ἐπιστήμη.

从某方面看，对这一理想而言，统治者的确可以完满获得，但工匠作为它的类比物则不能如此完满地获得。工匠可以达到这一理想，这仅仅在其是工匠的意义上说的，亦即他的精力都沉浸在将其计划实现在质料中。这种计划尽管需要运用他的理性加以把握，但任何工匠都不是因为具有这种理性才成为其自身。他有生理的畏惧需要抚慰，有身体上的需求需要满足。而为了提供这些，他必须是一个挣钱的人（Chrematistes/money-maker）或一名工匠。[①] 他选择某种技艺的自由要根据该技艺的产品能否提供需要或满足需求。一旦他被给予某种任务，理性就支配了他的活动；而设定这种任务要取决于某种（无论是主人还是消费者的）秩序。该秩序产生于任性（caprice），所以它面向的并不是工匠的理性，而是其非理性部分；后者才构成了工匠的本性。秩序由主人确定，朝向的是作为奴隶的工匠之恐惧。后者由于身体上的需要而服从消费者秩序和随之通过赚钱来满足它们的必要性。对柏拉图而言，这样的服从就体现了奴隶性。柏拉图并没有想到，经济需求展现了某种理性形式，它按照经济法则而运行。因而他并没有看出，在工匠服从消费者的要求与奴隶服从主人的意志这两者之间有任何原则上的差别。这两种关系似乎都是让理性服从非理性的活动。工匠在实施被设定任务的时候是理性的，而这种任务的设定是通过诉诸他的恐惧或贪婪。但统治者活动的目的，作为城邦的形式，并不是任何需求的对象，因为这

[①] 参见《理想国》346。

一形式是对所有需求及其满足过程的体系化和秩序化。普遍欲求体系及其满足并不是任何欲望的对象,而只是理性的对象,所以它作为统治者活动的目的(而非手段)由理性设定。

柏拉图通过技艺类比而发展出统治者活动这一观念,即统治者活动中灵魂任何其他成分都要服从于理性。它成为一种典范,后来几乎所有道德行为的理想都或多或少直接从中产生。

技艺类比及其所蕴含的城邦学说的价值就这么多。我们现在考察一下它的致命缺陷。我们已经表明,政治社会的本质不仅具有技艺类比所强调的性质(即它的秩序是理性赋予的),而且还具有技艺类比所否认的性质(即它的秩序是自我赋予的)。第一个性质暗含第二个。柏拉图在《理想国》中由于这一论点不可反驳的逻辑的推动,不得不得出了一个与上述城邦理论不一致的立场,他通过混淆实际上不同的概念而最大程度上掩盖了自身的这种不一致。

对于技艺这一观念来说,本质性的东西是"德穆革(demiurge)"或工匠①将形式赋予他之外的某种材料。这种局限性构成这一活动的内在本性,是护卫阶层需要存在的唯一理由。"最初城邦"由工匠组成,每人都按照本己的技艺将形式赋予材料。如果他们的技艺不仅将形式赋予他们之外的某种材料,而且还赋予他们本人,那么他们自身就能实现工匠之间的和谐,但这种和谐由于城邦的发烧而被破坏。正是工匠活动的这一本性阻碍了对他们自身的反思,从而需

---

① δημιουργός.

要另一个工匠将某种秩序赋予或者再次赋予各种技艺,如同前者将秩序赋予自己的材料一样。个别工匠的"技艺"活动是被赋予其上的质料,而工匠所意愿的只是质料或特殊之物,而非其所属共同体的形式,尽管他在其自身技艺产品方面意愿的是它们的"普遍之物"或形式。

对共同体形式的意愿,即将劳动分工的组织赋予个别技艺的质料,这是统治者的独有职能。个别技艺的活动分享技艺的本性,即他们据此赋予**自身之外**的某种质料以形式。因而我们在理想城邦中发现,劳动分工导致的职能专业化实际上保留在被统治阶层或生产阶层,被引入的护卫阶层则是为了恢复这种职能专业化。被统治阶层或生产阶层通过共产共妻这些措施被仔细和最严格地排除出护卫阶层。统治者作为真正的德穆革,将秩序赋予自身之外,但他并不隶属于这种秩序。

护卫者(统治者和军士)本身就构成了城邦中的阶层。如果护卫者之间以及与被统治阶层必须形成一个统一体,他们就必须通过被施加某种形式才能组织成这样的统一体。这一组织的形式是很明确的,正是三重阶层组织成为理想城邦的特征。但是德穆革施加什么样的形式,从而可以将被统治阶层、军士阶层和**统治者本身**这些不同的机构(bodies)作为质料呢?对这一问题的回答可以揭露技艺统治论(the Techne doctrine of ruling)的整个弱点:形式是由构建理想城邦并制定其政体(constitution)的人赋予的,这些人就是苏格拉底和跟他对话的那些对话者。正如苏格拉底所说:"我们是一个城邦的缔造者。"① "我们"作为立法者,要确立基本政体,从而规定统治者的职能及其与被统治者的关系。② "我们"必须理解政体所依赖的原则,而统治者没有必要理解它。实际上,苏格拉底在一个段落中③建议说应该对统治者隐瞒。最后,"我们"并不是亲自建构城邦的一分子,也不遵守"我们"制定的政体。

迄今我们已经得出了技艺统治论的后果。如果统治是一门技艺而统治者是工匠的话,他必须预设缔造者或立法者构建政体的活动,正是在这种活动中他的"统治技艺"才得以施展。恰恰在这一点上,这一理论的弱点对柏拉图本人而言变得明显。我们已经看到,缔造者的身份由苏格拉底及其同伴扮演,他们根据理想城邦诸原则的哲学洞见而创建它。而这一构建的城邦,纯粹是哲学沉思的产物,仅仅是理想的存在物。它必然缺乏现实性。柏拉图能够认识到这一后果,是由于格劳孔给予他猛烈的攻击④,他让(柏拉图笔下的)苏格拉底突然停止对理想城邦政体的具体刻画,而开始进行引入《理想国》中"第二次教育"的一系列论证。

在什么样的条件下理想城邦才能实现?很明显,只有在创建的任务从沉思的哲学家中收回(他沉思的结果就只不过是乌托邦)并将其赋予城邦自身中的统治阶层这一条件下,它才能实现。或者

---

① 《理想国》378e。
② 《理想国》398b。
③ 《理想国》414b。
④ 《理想国》471c。

说，城邦中的统治阶层被施加某种教育，从而具有了沉思哲学家所具有的洞见。这种洞见是对所规定阶层之间关系的原则把握。这种关系不仅包括贸易的不同行业之间而且还包含他们自身阶层与被统治阶层之间的关系。苏格拉底说："在城邦中必须有一个明确的阶层，它对城邦依赖的原则具有跟你——格劳孔——一样的洞见。而这就是作为立法者所拥有的能力，凭借它才能制定理想城邦的法律。"① 这句话就是在表达这一条件，它也是"第二次教育"要完成的目标。

这一条件可以在最大和最小两种意义上理解。它可能意味着，城邦的某个阶层或机构必须承担格劳孔迄今所实施的整个城邦构建（city-founding/Nomothesia）任务，亦即它不仅要理解而且本身还要能创造出政体，正是在这种政体中统治的职能得到履行。除非如此，城邦的现实性得不到保障。另一方面，它可能只是意味着，为了能够维持城邦，统治者必须理解格劳孔创建政体所依赖的原则。亦即，即使经历了"第二次教育"，统治者仍然局限在维持已经制定的内容这一职能上。② 值得注意的是，即使按照最低意义上的解释，这一条件要求统治者所具有的活动也不再与技艺活动类似，因为它预设统治阶层具有某种将自身作为质料之形式的知识；而它目前并没有想要达到保证城邦的现实性这一目的。格劳孔现在关心的仅仅

---

① 《理想国》497c, d。
② 换言之，他们的职能仍然局限在 φυλακή（监察），而没有扩展到 νομοθεσία（立法）。参见本书附录 B，第 37 页以下。

是政体的维持,而不是对其的创建。只要政体存在于他的哲学沉思中,它就注定是不现实的乌托邦,它的居民只能是思想的创造者。

这两种解释都可以称为是柏拉图的,这一点毫无疑问。尽管他的思想有些犹豫,语言表达也有些混淆,但柏拉图屈从这一观念,即他的统治者只不过是对已经创建的城邦之维持,而且也接受了他的城邦不能实现这一结果。下面我们首先以尽可能简短的概要来表明更充分意义上被理解的这一条件会导致什么结论,然后通过考察柏拉图自己的学说在多大程度上真正迈向了这一结论而结束本章的讨论。

被赋予创建政体之权力的管理者如果不再是统治阶层,而是主权机构(sovereign body),城邦就会一下子成为国家。

国家最终决定性地不同于任何自然物的地方在于,在其中蕴含着主权意志。我上文都是在否定的意义上使用"精神的"一词,仅用它表明城邦拥有自然物没有的特征。现在我从积极的意义上从其具有的两个特征方面来界定它:它的本质中包含存在,而且这种本质(不是种类的,而)是个别的。

(i) 第一个特征可以归之为上帝的本体论证明。[1] 如果不理解国家如何具有这一特征,我们就不会明白为什么从霍布斯到黑格尔,这些伟大的政治哲学家会惊人地将神圣属性归于国家。[2] 国家这样的

---

[1] 还在笛卡尔关于自我的"我思(Cogito)"论证中。
[2] 霍布斯:"伟大的利维坦,有朽的上帝";卢梭:"人民的声音就是上帝的声音";黑格尔:国家是"尘世的上帝"。

组织被定义为自身拥有制定其政体的权力,这意味着,除非它是现实的,否则它甚至连国家的理念都没有满足。这一学说的意义在于指出,权力属于国家的本质,这一点以这样或那样的形式反复出现在所有国家哲学中。比如,霍布斯就认为主权的权利(right)不会超出其权力。他的意思是说:主权的本质并不是某种理念,对其特殊的实现仅仅是偶然的;相反,这种特殊的实现恰恰构成其本质部分。换言之,国家是**自因**(causa sui)。根据康德将世界分为自然领域和精神领域这种二分法,国家因此肯定属于后者。所以它不是某种研究自然法则和因果规定的科学之对象。

(ii) 国家的本质是个别的,这一点可以从上面所述直接得出。自然对象(根据古希腊理论,所有的对象)的本质是种类,即它包含的形式是相对于所有此类成员的普遍之物,而专属于个别事物的东西则是偶然的。因此对于这种对象的本质而言,它作为特殊之物是否可以得到实现,这一点是外在的。但是一旦认为这种实现应该成为其本质的部分,那么个别之物必须被包含在其本质之中。没有这种个别之物,国家的本质不可能实现。

从中得出的重要结论是,柏拉图在《理想国》中尝试的方法不可能产生这样的国家哲学。这一方法在于将城邦的本质特征从这样那样特别具体物的历史属性中剥离出来,而且它包含了以下两种预设,即本质是种类的和个体是偶然的。这些预设一旦被超越,这种方法就失去了**存在的理由**(raison d'être)。毕竟这是一个非常容易得出的结论,即一旦统治者承担了格劳孔的全部职能,格劳孔将无事可做。

　　我们不应该期待柏拉图会追随这条道路直至达到上述最终结论。如果这样做了,他就会推翻**《理想国》**赖以建立的基础[①],而且会根据自己的经验预见到两千年哲学的发展。但是他的确朝着这一方向迈出了明确的步伐,而忽略这一点的重要性对于理解**《理想国》**是灾难性的。他虽然没有说现实性包含在城邦的本质之中,但是他最终还是暗示,尘世间的现实化对于城邦(其他理念就不是如此)而言是一个额外的完满。他没有说统治者要从格劳孔手中接过制定政体的任务,但是他的确要求他们应该对政体三重划分原则有所洞察,从而可以使他们能够在政体被建构之后维持它,即这一阶层自身可以作为某种形式的质料,而它应该拥有对这一形式的洞见。统治作为技艺以及城邦作为自然秩序这一原初观念在上述这些学说中被超越。我们现在就考察一下柏拉图如何在不违背前者的前提下成功地发展出了后者。

　　统治者不仅要洞察赋予其质料的形式(劳动分工的原则),还要洞察他们自身作为质料的那个形式(三重阶层划分的原则)。正是后面的这一洞见使得统治者阶层高于生产阶层,从而前者可以被称为"黄金"阶层,而后者只是"青铜"阶层。[②] 亦即,统治者超出寻常的卓越之处就在于他们活动中的这一因素,而技艺并不能提供类似

[①] 在面对城邦现实性问题的时候,柏拉图通过苏格拉底之口所夸张表达出的焦虑和勉强表明,他对这一关键话题模糊而费解的把握,参见《理想国》472a,497d,503a,b。
[②] 《理想国》415。

的东西。如果统治者的职能只是完成使他们的引入变得有必要的任务，即将形式赋予生产技艺之上，那么这种卓越性就消失了。工匠将形式赋予质料，但对形式的理解具有局限性，而且他也不能理解将他自身的技艺活动作为材料的形式，这都使他需要依赖于统治者阶层，而他注定是被统治者。但是如果统治活动也面临着同样的局限性，统治者本身也会是永远的被统治者，即他们要服从立法者，后者制定他们彼此之间及与被管理者之间的关系，而且还要服从某种他们不理解但必须接受的秩序。统治者免于这种服从关系就在于他的理解超出了在生产阶层中赋予被统治者的秩序（劳动分工）而扩展到了能够决定其与辅助阶层和生产阶层之间的关系（城邦的三种划分）。柏拉图之所以在没有明确援引整个技艺类比的情况下就可以将这一额外的理解赋予统治者，是因为他混淆了两种秩序，将其简单等同起来。这两种秩序，一个是被统治者之间的劳动分工，一个是城邦的三重划分。前者可以合法地归属于统治的技艺领域，而后者断然不能。只有这一混淆[1]才能让柏拉图在**《理想国》**中的政治学说本质上包含某种折中（compromise），适用于统治的技艺概念的语言才能非批判性地加以扩展，从而包含某种与之并不相符的统治概念。

这一混淆决定了"正义（Dikaiosune）"含义的模糊。柏拉图使用这一术语首先来指"最初城邦"中技艺之间所维持的完美和谐，

---

[1] 证据参见本书附录 A，第 36 页以下。

之后指包含统治者与被统治者在内的三重秩序，最后相当不偏不倚地指上述两者之一。柏拉图无疑认为，统治和战争的职能仅仅通过再次运用劳动分工原则就可以得到合理的证明，而后者在建构"最初城邦"的时候就已经确立下来了。① 他从来没有反思到，如果这些特殊阶层的形成真的只不过是最初原则进一步应用的结果，那么城邦的**三重**划分根本就不会出现。它就是仅仅在之前碰巧已经有的技艺数目上再加上 2 个罢了；原来是 5 种，现在是 7 种；原来是 100 种，现在是 102 种。② 三重划分的引入是理想城邦的特征，它意味着统治者和军士这两个阶层所依赖的原则并不同于劳动分工原则，后者产生的技艺多样化因为不同于前面这两种而可以被视为一个单独的阶层。

劳动分工添加三重形式就构成了政治社会③，而对这一添加（supervention）所包含内容的清晰把握就必然导致这一结论：城邦既不包含在人为也不包含在自然这两大范畴中。因为除了这两大范畴之外柏拉图并没有第三种范畴，他被迫做出不连贯的折中，坚称城邦既是人为的（artificial），也是自然的（natural）。它是人为的，

---

① 参见本书前文第 9、12 页；以及《理想国》374a，397d,e。
② 城邦的需求持续增长的复杂性以及为了满足其需求而引入"奢侈行业"，导致了技艺的多样化，而它标志着城邦从原始健康到发烧状态的过渡（《理想国》373），是真正对劳动分工这一原初原则的运用。但是这**同一个原则**无论多么严格地加以运用，所导致的只不过是需求与供应机构的不断复杂化。
③ 当然这并不意味着用政治社会取代了劳动分工，后者仍然作为第三阶层或青铜阶层的内在组织而包含在城邦中。

因为它是统治技艺的产物从而它的实现要依赖于对其形式的在先知识。但它也是自然的,因为这种形式并不依靠统治者的技艺而得到第一次的实现,技艺仅仅是对其的恢复。它就像被治愈的病人,本身并不能由于他靠医生的技艺而治愈就算是人工产物。这一类比也并没有穷尽二者的差异从而使城邦可以从人工产物中脱离出来。人工物并不包含自身借以被生产的技艺,而城邦则将其自身的工匠(artificer)包含在内。在这一方面它不应比作病人,而应比作自治的医生。后一个类比如果被接受的话,可能会导致这一结论:城邦是自然的,完全不是人工的。实际上亚里士多德就得出了这一结论。根据亚里士多德,如果人工物包含其自身借以被生产的技艺,它就是自然的。而且他明确引用自我治愈的医生这一例子来解释关于自然物的概念。① 但只是因为亚里士多德忽略了二者之间的关键差异,他才将之等同。医生通过自我治愈而恢复的健康需要知识作为其实现的条件,而自然健康或自然恢复的健康则不需要。我们可以想象,柏拉图会接受城邦与自我治愈的医生这种比较,但他从技艺统治论所接受的东西,会避免从这一类比中得出推论说:城邦仅仅是自然的。

柏拉图意识到,上述两种秩序实际上根本不同,因此他根本不会接受这一类比。有待统治者职能实现的秩序(即三重形式)并不与自然存在在原始共同体之中的秩序相同。它确实是某种不能自然

---

① 亚里士多德:《物理学》第二卷,8a-d。

加以实现的秩序,因为除非包含负责赋予秩序的阶层在内,否则它就不是(三重)秩序。同样的特征也会禁止将对其的实现归之为某种技艺。技艺预设了对形式的事先理解,后者通过"技术"活动接受质料的具现(具体实现)而不改变其形式性。但是城邦的三重形式脱离其实现活动和所具现于其中的质料,这是无法设想的,因为如果它们被抽离出去,理想城邦恰恰就会丧失形式上区分于"最初城邦"秩序的本质特征。

正因为混淆了这两种秩序,柏拉图才将理想城邦(可以看作医生自我治愈后的健康)的政体视为技艺和自然合作的产物。这一混淆的消除,将会包含这一结论:城邦既不是技艺的产物,也不是自然的产物,还不是二者结合的产物。

就我上面所说柏拉图混淆的东西而言,对消除它所导致的后果即便是模糊而不准确的提示也会告诉我们,这不是平常意义上的混淆。它不是柏拉图如果注意就不会犯的一个小失误。柏拉图全部政治哲学的本质就在于将这些相反的东西维持在一起(而这些相反的东西之所以未被视为相反,就在于柏拉图没有意识到它们之间的区别):在**不**放弃统治作为一门技艺这一观念的前提下将统治者的职能做出扩展从而超越"技术"的局限性;将某种精神性的内容包含在正义之中而仍然把它界定为自然秩序。

我们上文已经区分了劳动分工和阶层的三重秩序。这一区分尽管是柏拉图自己的前提合乎逻辑的必然发展,却不仅仅是对柏拉图的纠正,而是对他的瓦解。有待区分在正义(Dikaiosune)这一术语中所包含的两种不同的概念。这两种不同的概念共同构成正义的内涵，而它们之中任何一个都不能完全对应这一独特而又不可翻译的术语。这里所涉及的是人类社会的经济秩序和政治秩序之间的区分。

只有当这一区分变得明确之时，经济秩序才能在某种意义上被视为是自然的，而政治秩序则不能，它恰恰被设想为与自然秩序相反。对这一点的认识在现代政治哲学中首先体现在自然状态与公民状态（the Natural to the Civil State）这一组对立概念中，之后体现在社会（Society）与国家（State）这一区分中（作为"自然法所规定的义务并不在社会中消失"①这一洛克式原则导致的结果）。

当然，经济法则并不能被认为是支配自然状态的唯一法则，后来与国家相区分的社会也不能完全等同于经济社会。另外一种法则也能称为"自然的"，即人们由于其理性本性而遵从的法则，而经济法则是人们由于欲望本性而服从的行为法则。与国家不同的社会，其所展示的秩序也不仅仅被经济法则决定，而且还被那些用来保障人身、财产和契约的普遍规则所决定。后者从人的理智本性中形而上学地（metaphysically）演绎出来，而事实上是从罗马法体系中历史地（historically）派生而来。②不过经济法则至少在与实定（positive）相反的意义上可以称为是自然的，经济秩序至少在与国家相对的意

---

① 洛克：《政府论》下篇，135 节。参见中文版，第 85 页，叶启芳、瞿菊农译，商务印书馆，2007 年。

② 进一步参见第五章，第 145 页以下。

义上构成了一个社会。因而这些后来的区分即使不是全部至少也得有一半可以从《理想国》潜藏的萌芽中发展而来。

当我们区分社会与国家之后，柏拉图未加区别使用的这些术语就有可能分辨开来。"自然的"这一术语被限定在"社会"秩序中，从而与构成国家的实定法相区分。尽管"社会"一词具有模棱两可的双重意义，它可以指经济（economic）社会或市民（civil）社会这两者之一，但二者具有共同之处，即它们都是普遍秩序，从而与个别的国家秩序相对立。这一区分使"正义"一词首次获得了不同于柏拉图的现代意涵，即遵从先于国家的普遍权利法则。这一区分也使得柏拉图那里的政治哲学这一门科学分为三个不同的学科。社会的普遍秩序之一——经济秩序——成为政治经济学的研究对象。社会的另一个普遍秩序成为自然法**先天**研究的对象，比如从中产生了洛克的财产学说和康德的道德律学说。这两个学科之间的区分就是通常意义上的科学与哲学的区分。但二者都将普遍法则作为对象，因而都与国家的实证法研究相对立，后者作为个别性研究，既不是科学的，也不是哲学的，而是历史的。

柏拉图涉及的几乎所有混淆都可以归结为他未能区分普遍和个别。他将美等同于有用[①]，没有区分优美艺术和有用技术，这是因为他没有看到，美依赖于个别形式的完满，而有用则依赖于种类形式的完满。比如一件工具的完满，不同于雕塑之处，在于它依赖对某

[①] 柏拉图：《理想国》，457b："凡是有用的都是高尚美好的……"

种本质的实现（这种本质对于同类的其他成员普遍适用），而不依赖对自身作为个体的某种独特之物的实现。还有，他混淆了优生学和教育学的任务，因为他没有看到，繁殖的目的是为了产生同类型的完美样本，而教育的目的则是要产生个人的卓越。这种混淆甚至还体现在，柏拉图将哲学知识（Episteme）等同于对所知对象的爱，因为他没有认识到哲学知识的本己对象是普遍的，而爱的对象则是个别的。

柏拉图将社会的普遍秩序与国家的政治秩序相等同，这也是上述同一种混淆的表现。我们这里不对之加以详述，仅仅指出一个后果。战争对于柏拉图而言并不是个问题，因为他只是将之视为为了保护社会结构免于瓦解而有必要采取的行动。[①] 对于秩序的维持，没有这一秩序人们不可能生活或生活得好，这一必要性就使战争具有充分的正当性。柏拉图从来没有反思到，战争的唯一正当性就在于为了保卫城邦的政体而反对野蛮的力量。如果我们假设《理想国》中的"最初城邦"被其他同类政体的城邦入侵，其中关键的并不是社会秩序的维持，因为这两个城邦的社会秩序是一样的；我们也没有必要认为，城邦要是丧失了独立性，就会被摧毁或减弱。劳动分工和商品交换的组织并不依赖于自主性。侵略者所攻击的并不是这一普遍秩序，护卫者通过战争加以保护从而免于毁灭的也不是它。重要的并不是这一秩序是否应该加以保护，而在于某种非常不同的

---

① 参见前文第 8 页。

东西,即保卫城邦的有司应该授权给这一群人还是另外一群人。如果维持独立被认为是战争的正义理由,那么出于人们的福祉而有必要维持社会秩序这一原则并不能为它正名。它需要进一步的原则,这一点柏拉图远远没有意识到,即人们服从的秩序应该是由自我自身赋予,而这构成了人之自由的本质条件。

附录 A 柏拉图对城邦的三重划分和劳动分工的混淆

柏拉图诉诸的都是一人一事(ἐν ἔργον ἔκαστος)原则,无论他是在为劳动分工还是三重划分寻找根据的时候,比如在397e处:"因此,是不是正是由于这个缘故,所以在我们的城邦里,并且也唯一地在我们的城邦里,我们将看到一个鞋匠就是一个鞋匠,而不是在他的鞋匠职业之外又是掌舵的船长;同样,一个农人就是一个农人,而不是在他的农业之外又是一个法官;一个士兵就是一个士兵,而不是在他的士兵职业之外又是一个谋利的商人;以及此外,一切人也都是这样?"他将勇敢(ἀνδρεία,374a)和智慧(σοφία,428b-d)当成每个特殊阶层的属性,即当他在引入城邦的**三重**划分的时候,他诉诸的是"原始城邦"建之于上的原则,即劳动分工原则。(374a处:"……战争的进行,这,看来,不该是一门技艺?")

正义(δικαιοσύνη)一词用来无差别地指对劳动分工(372a,433a,434a)和三重划分(434b,c,435b)的维持,节制

(σωφροσύνμ/prudence）也是类似的情况。

最惊人的可能是 443b 的一个段落[①]：

"那么，作为所有这一切的原因的，是不是他之中每一个部分，不论是就统治或是就被统治来说，都只做它的本分的事？"

"是的，正是这个，而不是任何别的原因。"

"那么，是不是你还要再寻求，认为正义也许是一种什么别的东西，而不是这样的一种力量，它能够既提供这样的一些人也提供这样的一些城邦？"

"凭宙斯的名，"他说，"我不。"

"这样，我们的梦想也就最终地实现了，也就是说，我们所一直说的我们的一个揣测，这就是：在我们一开始试着来建造我们的城邦的时候，我们就，看来，在某种神助下，遇到了正义的初始原则和它的某种模式了。"

在这里，城邦中的秩序（与灵魂中的正义相对应）被明确地等同于劳动分工；但严格来讲，城邦中唯一的秩序（与灵魂划分类比）是阶层的三重划分。

[①] 中文参见，《理想国》，中文版，第 202—203 页。

附录 B　"第二次教育"的产物是立法者（νομοθέτης）还是护卫者（φύλαξ）?

"第一次教育"是对护卫者（φύλακες）的教育，他们护卫或"坚守"的活动很明显预设了立法者的在先活动，后者确立了他们要守护的东西。在 429b,c 处，我们被告知，作为这一教育的结果，城邦自身"在这个部分里具备着这样一种力量，这个力量能够在任何情形下都保持着那关于何谓可怖的事物的信念——这些可怖的事情是这么的一些和这样的一些，就恰如那立法者在城邦的教育中所宣布的那样。"①

正如我们所见，论证的逻辑要求和很多引用都表明，第二次或哲学的教育，其目的在于产生立法者，它一开始就被预设在第一次教育中，它的任务是接过苏格拉底和格劳孔之前实施的制定政体的工作。参见 497c,d（第 24 页引用过）；500d,500d-501c（"他们把一个城邦和人们的习性当作是一张绘画的底板"②）；502c，502e（"关于统治者的问题，可以说，还是要从头探讨起"③，之前在第一次教育中所说的关于统治者的一切必须撤回并且重新开始）；519c；540a,b（已经完成第二次教育的那些人"用它来整饬和治理城邦、公民们以及他们自己……也总是把别人教育成为这样的人"）处。④

---

① 《理想国》，中文版，第 176 页。
② 同上书，第 297 页。
③ 同上书，第 300 页。
④ 同上书，第 364 页。

但是还有更多的段落表明第二次教育的目的和第一次一样，都是为了产生护卫者，只不过第二次更加恰当而已。具体参见如下。在503b,d处，第二次教育与第一次不同仅仅在于"最严格的教养（503d）"，而它产生的哲学家是"我们的最完善的护卫者（503b）"①。在484b,c，506b处，哲学家的培养与他们护卫城邦的礼法和生活方式的能力相关。②在499b，502a处，确立理想政体的哲学王仅仅是出于某种机遇或者神圣的灵感才得以产生，亦即他并不是通过第二次教育而产生的。在551b处，与管理者（κυβερνήτης）的类比没有任何限制地就被引入了。在525b,527c,530e,534d,536b,e处，"我们"或"你们"（比如苏格拉底和格劳孔）仍然被称为最高的立法者和教育者，他们确定了原则，而统治阶层仅仅对之保护或运用，尽管在530c处加上了一个重要的限制："应该按照同一的方式提出更高的要求，如果，作为立法者，我们将能够有所贡献的话。"③

上面的引用有助于提醒我们注意收集证据的无用性。我们并不能通过收集证据就"判"柏拉图犯了自相矛盾之罪。唯一的重要性是要看到柏拉图发展原初立场的必要性，实现的前提则是要放弃这一原初立场。赋予护卫者以主权，这是其逻辑所要求的，但这将意味着苏格拉底和格劳孔退出并放弃理想国家的政体建构这一《理想国》中的主要规划。

---

① 《理想国》，中文版，第301—302页。
② 同上书，第268页。
③ 同上书，第347页。

II

柏拉图笔下的正义与自由

　　形式是本质这一学说完美地展现在"最初城邦"中。这一共同体纯粹是由于蕴含劳动分工的形式而被建构,而且它被称为正义就在于严格服从这一形式。工匠,作为城邦中的一员,之所以成为一名工匠,是因为他具有的技艺,后者是他自然禀赋的形式,即他的德性(Arete)。最终,共同体的正义和成员的德性在"最初城邦"中通过彼此蕴含(reciprocal implication)这一最密切的纽带而连接在一起:工匠的技艺使其成为经济组织中的一员,而他在经济组织中的位置使其技艺发展成为必然和可能。

　　《理想国》中的政治学说依赖这样的一个假设:上述所有这些在理想城邦中仍保持不变。它的本质也包含在对某种特定形式的具现中,对这种形式的完满实现(perfection)或准确体现就是"正义的"。公民的德性体现在正义中,或者说体现在赋予其灵魂各部分的形式中。城邦正义和个人正义之间的关联如此之紧密:个人由于其灵魂的正义就构成了城邦的成员,相反他在政治组织中的位置也必然导致个人正义的产生。

实际上这一假设并不成立。"最初城邦"与理想城邦有实质上的区别：在前者中形式是现存的，而在后者中形式是自我-赋予的。因而其中一个的本质仅仅由形式构成，另一个的本质则还包含着某种其他的东西，即城邦内（统治阶层）的某种活动，这种活动将形式赋予城邦自身。类似，工匠的本质仅仅在于他的能力被赋予了某种形式，而理想城邦中公民的本质不单纯在于他的灵魂得到了赋形，他的灵魂中还包含着某种成分（理性部分），从而使其拥有自身赋形的力量。这种差别可以更恰当地表述为：城邦和灵魂的本质实际上都不是形式，而是精神；它们的德性或完满不是正义，而是自由。当然，柏拉图并没有这样表达和设想。他将赋形的活动看作另一种形式，即三重形式，无论对于城邦还是灵魂而言。他秘密将这一形式看作区分理想城邦（或政治的）与"最初城邦"（或经济的）以及（在前者中）公民与（在后者中）成员的本质特征。因此，他没有认识到这一形式完全不同于任何实现的"最初城邦"，从而将其在城邦中的实现视为只不过是对形式的恢复，而这一形式本来就蕴含在"最初城邦"中。这样，他对正义概念的扩展，不仅包含"最初城邦"的建制及其成员的德性，而且还包含理想城邦的三重建制及其成员的德性，但是只有前者才真正适合这一概念，而后者并不适合。

城邦和灵魂的"三重形式"的学说同时代表着对这一视角（适合"最初城邦"）的超越。在这一视角看来，城邦的本质是形式，公民的本质是工匠。对这一点的拒斥就意味着对其的超越。使政治组织与经济组织、道德德性与技艺德性得以区分的，是作为**另外一种**（another）形式，因此是作为**另外一种**工匠的统治者。我们本章的任务就是要表明《理想国》中某些最重要的学说如何从这一我们称之为柏拉图的折中（Platonic compromise）中产生出来，而且其中的意涵尽管没有被认识到，但却一直在涌现：城邦的本质不单纯是形式，公民的德性也不单纯是正义还有自由，统治者（甚至被统治者）本质上也不单纯是工匠。

出于方便，我将这一任务分成三部分，首先考察城邦的三重形式，然后考察灵魂中的三重形式，最后考察二者之间的关系。

"最初城邦"的秩序是各种技艺借以凝聚成统一体的形式。这种统一体是自然的，是因为它的建构不需要被知道，从而并不是有意识的理智活动的产物。而在向理想城邦的过渡中三重秩序的引入，意味着理想城邦的形式需要通过某个阶层（统治者阶层）有意识的把握才能得到实现，而这对城邦而言是本质性的东西。但是柏拉图将统治者的活动限制在**恢复**（re-imposition）已经在"最初城邦"中实现的形式上，他这一不可救药的倾向决定了其关于统治阶层地位和职能的全部观点。我们已经提到，这一限制是统治技艺论的典型特征。而且我们注意到了从这一观念中产生的某些困难以及为了维持它而产生的混淆。我们还补充了这一学说进一步的推论，即统治者在地位上必须被赋予某种超出所有其他工匠的本质优先性。"最初城邦"的组织中并不能提供这样的对等物。而且即使粗浅一瞥我们也能看出其与正义的理想明显不符。

如果一个城邦达到正义的程度与其蕴含本己形式的程度一样，那么城邦的完满就在于，这一形式是现存的，而不是被意愿的（willed）。这一结论非常好地体现在正义与健康、统治者与医生这种柏拉图经常做出的类比中。一个健康身体的完美在于它的健康不是自觉目的的对象。如果身体健康，却成为自觉目的的对象，那么这是疑病症（hypochondria）；最健康的身体恰恰在于它从来没有成为思想的对象。毫无疑问，这种原始健康一旦丧失，它就只能通过医生的自觉目的得到**恢复**。医生拥有构成健康之原则的科学洞见。但是恢复的健康并不比原始健康具有更大的价值。而且对于它的恢复而言，**患者一方**甚至并不需要洞察其原则，而只需要服从医生的命令，无论他是自愿的、强制的还是被哄骗的。

由此得出，由于城邦的形式或秩序是本质性的而它借以被获得的手段仅仅是次要的，这种秩序并不需要得到被统治者私人判断的认可。正如我们所见，即使城邦的秩序不需要得到城邦中个人的自由认同，正义的理想也不会有所减损。如果它像"最初城邦"一样，没有经过自觉的赞同，而只是不自觉地遵守，那么这种秩序与其说得到了接受，不如说没有被拒绝。这一秩序被打乱之后，对它的恢复的确需要私人判断的认可。那些恢复它的统治者首先需要理解其必然性的理由，他们的工作必须在自觉接受这一秩序所实现的原则下进行。但即使在恢复了的城邦中，这一认可也不是普遍必要的；它没有必要得到被统治者的认可。对被统治者而言，重要的是服从，至于服从的理由则是无关紧要的。他所服从的秩序没有必要经过其私人判断的认可，他只需要服从私人判断的正当（right）。①

总而言之，统治即恢复和维持正义，要求统治者一方洞察其赋予秩序的理由，但却并不需要被统治者一方洞察其所服从秩序的理由。

统治者与被统治者这一在地位上的差异是理解柏拉图整个统治理论的关键。被统治者只是服从，而不是同意，因此就没有必要诉诸其理性，即使城邦秩序必须是合理的。因此审查制度②和医学上的谎言③就成了统治的恰当手段；而且柏拉图那里惩罚也不构成问题，因为施加在被统治者之上的惩罚，跟医生施加的限制具有同样明显的合法理由，即那是为了患者而不是他自己的利益。④统治者施加的限制根本不是惩罚；它只不过是统治的方式而已，统治者通过运用痛苦和快乐这两个最大的工具之一来实施其赋予和维持秩序的任务。只有当惩罚加上伤害而不是改善被统治者能力这一条件的时候，它才不同于统治。只有当被统治者，不像病人和儿童一样，必

---

① 即服从统治者个人判断的正当。——译者注
② 《理想国》，376b 以下。
③ 《理想国》，381c,d。
④ 这一标准当然不是功利主义的；正当的政权做的是为了患者利益的事情，而不是那些让其最享受的事情，健康状态也不是作为趋乐避苦的手段而成为可欲求的。但是另一方面，它也不是与任何快乐无关的权利法则标准；做对病者好的事情就是让其成为他那一类中的范本，而这意味着他有接受其所能接受的满足最大快乐的能力。参见 486d-587a。

须认同统治者宣称让其服从的秩序的时候，惩罚才构成一个问题，因为到那个时候就会产生这一问题：被统治者的同意如何能够证成统治者可以凌驾于其同意之上？①

柏拉图并不总是通过工匠与其质料、医生与其活质料（病人）这样的类比来设想统治者与被统治者的关系。可能他更多将之类比为教育者与学生之间的关系。统治与教育，建基（Arche）与教养（Paideia），对柏拉图而言是一回事②，而且城邦中被统治者的生命与其受教育的历程是并存的。

实际上，工匠与质料（subject-matter）、老师与学生，这两种关系存在重要差异。柏拉图不加区分地使用这两个类比，只是因为他没有意识到，统治者与次于他的两个阶层并不处于同样的关系。辅助者是他们的学生，而第三阶层是他们的被统治材料。但是二者的关系再重要，也不会影响我们这里得出的论点。老师与学生的关系，跟工匠与材料的关系一样，意味着后者对前者的服从，而且出于同样的服从理由，即老师具有学生应该怎么样的知识，而学生缺乏这一知识。施加于学生的痛苦，与施加于病人的痛苦一样，只不过是司法惩罚；他私人判断的认可也不是其正义的条件。

---

① 这里指出古希腊城邦的实践与柏拉图的理论有多紧密这一点是多余的。那时司法和执法之间没有区分（或说仅仅是粗糙的区分）。它们没有死刑——唯一不能算作规训手段的惩罚，它们的法律奖赏措施与惩罚措施一样重要。而这些典型的处理方式在现代国家中则留给了动物、白痴和儿童。

② 对此的解释，参见本书附录 C，第 70 页以下。

教育的目的在于学生的解放，这是教育的本质特征。但这一点并不重要，因为学生的这一解放与柏拉图城邦中从政治服从中解放出来是一致的。如果学生懂得了如何使用理性，他就成为了成年人，因而就成为了国家负责任的**主体**（subject）①，那么柏拉图的确就会面临着如何证成本质上平等的政治主体之间的关系这一问题。但是从**学生地位**（status pupillaris）中解放出来就会使其有资格成为统治者，而不是被统治者，因此老师与学生这一关系的独特性并不包含对统治理论的任何修改。这一统治理论蕴含在技艺统治论中，即政治服从的正当性由统治者相对于被统治者本质上的优越性而证成。②

因而如果统治者不再被当成工匠，而是教育者，柏拉图的统治理论并没有得到动摇，反而得到了进一步强化。技艺类比的缺陷在于它否定了统治活动的所有**自反**（reflexive）行动，而教育类比也有这一缺陷。我们在上一章发现，柏拉图自己的论证逻辑要求的结论是，统治由于这一自反特征而超越了技艺。我们现在表明的是：这一结论会立马使地位上的差异变得有问题（而这一点对柏拉图而言是毋庸置疑的），从而会动摇他的统治理论所依赖的整个基础。"统治超越技艺"这一同样的论证思路也必然要求"统治超越教育"，因

---

① "subject"一词兼具"被统治者、臣民"和"主体"双重意涵。中文根据其出现的语境而采用这两种不同的译法。——译者注

② 这一假设当然不是柏拉图独有的，而是整个古希腊思想的特征。比如亚里士多德的这一学说，即有人生来是统治者，而有人生来是被统治者。这是当时实践中的奴隶制在理论上的对应。

此下面关于前者的分析也能比照性地（mutatis mutandis）拓展到后者中去。

我们发现这一结论不可避免[①]，即统治者不仅应该洞察到他们质料的形式，这是他们作为工匠必须拥有的，而且还要洞察到他们自身作为质料的那个形式。但是如果统治者可以摆脱工匠视野的局限性，其他的工匠为什么不能？正如我们所见，正是工匠视野的局限性这一假设才使得统治阶层的引入成为必要。[②] 现在我们发现，某个人即统治者，他能够超越其技艺的局限性，那么原则上我们也就可以在所有人中设定同样的能力。一旦如此设定，统治者作为一个**阶层**也就多余了；城邦的成员将会恢复彼此之间的平等，就像他们在护卫阶层被引入之前的"最初城邦"中所处的那样。统治者自身要想摆脱技艺类比包含的局限性，便会导致他们放弃其优先地位。

"公民将恢复到'最初城邦'中的平等。"但实际上这并不是简单的回归。"最初城邦"中的平等是无知的平等；人们是平等的是因为没人能超越技艺的限制。但是现在所要求的平等是智慧（Sophia）的平等，所有人都应该平等地超越技艺的限制。这里所要求的并不是统治阶层，而是被统治阶层的取消。所有公民都同样平等地拥有"智慧"这一使护卫者具备统治资格的德性。这一城邦与"最初城邦"这一自然共同体不同的地方不仅在于，像柏拉图理想城邦那样，自

[①] 本书第一章，前文第 28 页。
[②] 本书第一章，前文第 21 页。

身拥有能够赋予全体以形式的阶层,而且还在于其自身能够作为一个全体赋予自己以形式;这一共同体由于后一能力而被称为自由的。

因而三重形式引入到城邦中,是正义理想的退步,但却是自由理想的进步(a declension of the ideal of justice, but a progress towards the ideal of freedom)。

II

自由一词,像正义一样,用在社会和它的成员上可以有不同的意义。霍布斯提到路加的自由城市时说,尽管它的塔楼上用大写字母写着"**自由**"(LIBERTAS)一词,"但任何人都不能据此而做出推论说,那里的个人比君士坦丁堡的人具有更多的自由,或能更多地免除国家的徭役。"① 霍布斯说的国家自由和个人自由之间的对比,就类似于柏拉图自觉在城邦正义和灵魂正义之间做出的对比。我们现在就来分析一下后者。

正义的概念,作为对人类形式的实现,在"最初城邦"的成员中可以得到完美的展现。这里,人被视为自然物种,他达到的正义是对人类作为自然物种的本质之实现。人类这一物种的属是动物,种差是理性:人这一概念的特征就在于,理性并不是用来将人**从**(from)自然物种中区分出来,而是用来将其**在**(among)自然物种

---

① 霍布斯:《利维坦》,黎思复、黎廷弼译,北京:商务印书馆,2008年,第二十一章,第167页。

中区分出来。人的本质之实现就在于他在其种差中并通过它而实现其属上的本性。他通过满足动物性的需求以及运用其自然官能而实现动物这一属上的本性；而他通过运用理性以及在理性指导下运用其官能从而满足这些需要而实现其真正本质。理性体现在自觉使手段适合目的上。理性造物的活动区别于任何其他动物的地方在于，它由理智对形式或有待实现的目的的事先把握所决定，即人典型的活动是成为一名工匠，运用一门技艺。

这一活动的实施不仅包含了将形式赋予其技艺所施加其上的材料，而且还包含将形式赋予工匠自身的自然官能。他只有通过获得的技艺才能将形式赋予其质料，而这一技艺并不是添加在他生来就有的那些官能之上的另外一种官能。没有哪种训练能够以这种方式添加在自然禀赋上。而是说，技艺活动是对其已经拥有官能的"赋形（information）"或组织化。形式是他的本质，而其官能被赋形的程度构成了衡量其卓越（Arete）的标准。后者使其成为一个"好的"木匠或鞋匠，或者说使其擅长无论哪种技艺。他的技艺产物就是其作品（Ergon/work），即其所擅长的东西。

因而人的完美并不依赖拥有某种特殊的自然官能，而是依赖其自然官能的形式。这一点可以通过工具的类比加以解释。锤头的硬度和锤柄的长度都不构成一把锤子的本质（因为杵头可能也很硬，棍棒也可能很长），而只有看其是否适用于钉钉子这一目的。后者就构成了它的本质，从而规定了任何一部分的性质，而它自身并不是其中任何一种性质。这种适用性就是锤子的德性。钉钉子就是它的作品，其德性于此得以实现。正是以同样的方式，人们在某一行业中的技艺并不过于依赖某一种官能，而是依赖不同官能之间的和谐或组织化，从而适合于本己任务的最佳实施。不同官能的组织化就是他的德性，这一任务的实施就是其作品。

柏拉图的正义理想，作为个人的形式，通过"最初城邦"中工匠的德性而得以完美实现。但是当他将其视为灵魂中三重成分的形式时，这一正义理想就崩塌了。在灵魂和城邦中，三重形式的引入表明正义理想的退步，但却是自由理想的进步。正义理想包含的观念是，人的本质是其物种上的形式，他德性的完满完全依赖于在其个体中实现的形式，而不是达到这一形式的任何手段。工匠通过训练从而使其官能接受赋形，而这一训练不是在他自己而是在旁人的知识指导下进行。这一点并不构成工匠德性上的缺陷。因为作为一名工匠，他需要将意识完全贯注在为其材料赋形上，他从来不会将目光向内朝向自身权能被赋予的形式。再次强调，工匠的完满体现在对其种的本质的实现上，即他与拥有同样技艺的成员所共有（在技术意义上）的理性活动的能力之实现。任何个体的东西相对于其本质而言都是偶性，因此它的实现并不构成其完满的内容。而自由理想[①]包含的观念是，人的德性是道德德性，即它作为某种形式，只有当对其有自觉的理解的情况下，人们才能将其施加于灵魂之上。

[①] 更准确地说是**一种**自由理想，即理性主义的自由理想。参见本书第56页以下，第61页注释1（中文版第61页注释1）。

个人的本质是使其成为个体的东西，根本不是他所属物种或形式共有的东西。

当柏拉图引入灵魂的三重划分时，他想当然地认为，正义作为灵魂三部分的形式，与技艺作为自然官能的形式，是一样的。然而这一假设，尽管没有得到明确表达，与实际从三重划分的学说中得出的结论并不相符。如果这一假设正确，我们由此可得出，这三个部分都只是这一形式的材料，其中任何一个都不具有相对于其他部分的优越性，也不具有任何内在的价值或"德性"，因此拥有勇敢或智慧以及欲望因素的发展对于人的完满而言是非本质性的，就相当于膂力的强壮和视力的敏锐这些特殊的自然禀赋对于工匠的完满而言是非本质性的一样。当然，这并不意味着任何技艺的发展就不需要建立在这些禀赋材料上：一个人没有一定膂力的话就不会是好的农夫，没有一定敏锐视力的话也不会成为好的钟表匠，双目失明、全身瘫痪的人不可能会成为好的工匠。我们的意思是说，这些禀赋的任何专门发展，并不能构成一个人成为工匠的本质，钟表匠和农夫没有这一种或那一种自然禀赋也能达到工匠的最高完满。作为工匠，他的德性在于赋予不同官能之上的形式，而不是某一个官能的卓越。

但是柏拉图远远没有认为，灵魂各个部分的德性对于人的完满而言是非本质性的（accidental）①，否则他就不可能将统治者或军士

---

① 这一点最明显适用于勇敢和智慧，它们被认为有积极和内在的价值；但也适用于灵魂第三个或欲望的部分，后者对于人的完满而言也不是非本质性的，因为它可以积极地敌视其完满。

看成是比工匠更为卓越的人性。前者超越纯粹作为被统治者的工匠的地方并不在于其整个灵魂的正义，而在于灵魂某个部分的卓越。同样，他也不可能赋予护卫者的两次教育（其目的分别在于勇敢和智慧的再生产）① 相比于工匠的训练而言更多的重要性。简言之，如果柏拉图认为灵魂各个部分的德性是非本质性的话，他就根本不可能将智慧和勇敢视为德性。

如果称灵魂三部分的形式为正义，我们就预设了意气（Thumos）和理性（To Logistikon）这两部分自身不能单独被赋形，而是与特殊和自然的欲望一样，成为接受形式的质料。如果意气和理性不是自然的，而是教育（即赋形）的产物，以及它们应该因此受到普遍原则的指导，那么这三个部分需要通过正义才能联结为统一体这一观念就是错误和多余的，就像用形式将形式与质料统一起来这样的观念一样。这种形式的观念是错误的，因为它意味着形式本身只不过另一个特殊之物；它是多余的，因为形式并不需要另外一种形式才能联结质料，它内在就蕴含着现实化的努力（nisus）。当然，理性和意气② **都不是**灵魂的形式，但是它们不同于自然官能的地方就在于前者是灵魂中主动认知形式（active in knowing this form）的部分，后者

---

① "第一次教育"在《理想国》第二卷 376e 到第四卷 445e 中得到了刻画；第七卷致力于"第二次教育"。我这里没有参考"第一次教育"中主要用来产生 σωφροσύνη [节制]（而不是 ἀνδρεία [勇敢]）的那部分内容（376e-404e），但我希望别处谈论节制的内容（附录 D，第 99 页以下）某种程度上可以弥补和解释这一省略。

② "意气"要素。

是灵魂中主动意愿形式（active in willing this form）的部分。将这一形式施加在激情之上，从而构成灵魂三部分之统一的东西，的确不是形式自身的努力，但也不是另外一种形式，而是主体认识和意愿这一形式的活动。柏拉图三重形式学说，无论对于城邦还是对于灵魂而言，都存在相同的缺陷，即他没有思想或语言的资源来将实现形式这一活动（the activity of realizing form）视为形式本身。

我们已经详细表明了柏拉图灵魂三重划分的理论实际上意味着，意气和理性本身被赋形这一点在某种意义上与它们作为正义所赋形其上的质料这一设定不符，而且这会带来关于人性新的理解，即人类真正的德性不是正义而是自由。

值得注意的是，意气一开始被引入的时候，并没有与自然激情相区分。①但柏拉图稍后就做出了区分②，甚至明确取消了一开始的假设。③后来这一点逐渐变得清晰：勇敢，作为意气的德性，并不能归之于出生的偶然性，而是通过理性指导下的教育而产生。由此可知，它并不是某种**特殊**的激情、本能或欲望，因为教育和理性都不能篡夺自然的职能，也不能增加人类自然被赋予的官能。理性的真正对象，无论是理论的还是这里的实践运用，都是形式，而不是质料。如同在科学中它认知形式，在教育或统治中它产生形式或者说

---

① 比如《理想国》375a。

② 《理想国》430b。

③ 《理想国》440e。

它**赋予形式**（inform）①。由此可知，勇敢，作为教育的产物，并不是最高程度上的激情，而是诸激情的形式；意气，其德性为勇敢，它也不是诸激情中的一种，而是被赋形的诸激情。

诸激情被赋予形式，从而构成了个体的统一。因而"意气的"行动是由整个儿自我发起的，可能还包含着对某种特别激情或欲望的阻抗（frustration）。②"意气"由于自我的完整（integrity）受到威胁而被唤醒成为怨恨。这种威胁并不是身体上的痛苦，而是精神上的伤害；不是经济上的贫困，而是人格上的侮辱。但是，正如古希腊理论的常态，构成个体本质的形式同样也隶属于某种超个体的系统（正如自然物的本质是种上的形式，后者决定了其在物种等级中的位置）。而实现这一形式**可能**要求个体的毁灭，而不是保存。因而勇敢可以在个体自我的肯定中找到其正常的体现，也可能在对其的否定中找到体现，而最勇敢的行为就是遭遇死亡。③如果听起来很悖谬的话，我们可以想想，动物自我保存的"本能"（这并不是一个好的叫法）可以在其个体争取生命中得到正常的体现，但为了物种的存续同样也会将个体带入自我毁灭。

如果"意气"只不过是自我保存的本能的话，那么动物的行为就不是自由的，其勇敢也不会包含自由理念的任何萌芽。自由的行为并不是单纯由自我引发，而是由自我的概念（concept of self）

---

① "Inform"一词在这里具有赋予形式和传授知识两种含义。——译者注
② 正如柏拉图在《理想国》439e 以下解释的那样。
③ 《理想国》386b。

引发的，无论这一自我是采取自我看重（self-regard）还是自我尊重（self-respect）的形式——前者驱使一个人肯定自身的利益，而后者驱使一个人放弃它或使一个勇敢之人牺牲生命。柏拉图的"意气"翻译成"自我尊重（自尊）"太过了，因为所有反身概念，比如自我认识、自我管理、自我实现等，对于古希腊思想而言都是陌生的，而且古希腊哲学家只有在至高洞察的某个时刻才能获得对它们的清晰认识。柏拉图荣誉概念（荣誉是意气行动的目的）的本质就处于自我看重和自我尊重这两个极端之间，而且与这两者没有明确的区分。当柏拉图的军士拒绝了一个有损体面的冲动，这种拒绝当然并不单纯是自然"本能"的盲目跟随，但也不能说它与**旧制度**（ancien régime）下法国贵族的行动一样。后者被其荣誉的**概念**要求所驱动：当他为了"高贵的事业（for the sake of the noble）"①而放弃自身的生命之时，这一目的并不是不自觉地在他身上起作用的，这种不自觉就像棘鱼为了保护幼鱼这种物种上的要求那样，但它也不是完全呈现在他的意识中。

"意气"不同于动物的单纯本能，它蕴含着自由意志（free will）这一理念的萌芽。柏拉图没有发展出这一点，因为他完全没有意识到人与动物之间的这一差别。②他关于护卫者德性的观念完全通过与奴隶，而不是与动物的对比而发展出来。勇敢之人畏惧沦为奴隶身

---

① 这是亚里士多德的表达：τοῦ καλοῦ ἕνεκα。
② 参见本书前文第 47 页。

份甚于畏惧死亡。① 奴隶既不能放弃自己的生命,也不能通过生命来肯定自身。奴隶不需要包含对任何激情或欲望的阻抗;其阻抗的内容本质上将这些欲望统一为自我。毫无疑问,奴隶的欲望和激情接受某种秩序和规训,因为他们需要主人确定目的并受其引导。毫无疑问,如果主人是正义的,目的是正确的,奴隶通过遵从就能获得其真正本性的完满。他之所以缺乏勇敢,是因为他仍然依赖外在的规定为其行为制定正确的方向,从来没有将这一原则纳入自己的灵魂之中。他从来没有达到亚里士多德所说的伦理训练这一阶段,学生在这一阶段做出正义的行为不再通过听从他人的命令,而是受自身内的某种原则自觉驱动。这种原则的运用,没有外在规定的前提下的正义行动,就是勇敢的德性;它显然意味着摆脱了外在规定。一个人只有成为自己的主人才能实现勇敢。

但是成为自己的主人就是成为自由的,奴隶(Doulos)的反面是自由人(Eleutheros)。勇敢与奴隶相反,单单这一点就足以表明,前者蕴含着某种自由概念②,无论它与我们最容易联系在一起的那些含义有多么不同。当然,勇敢是自由的,既不是在现代理性主义道德的意义上,也不是在现代经验主义道德的意义上;前者认为人的行为由正确知识决定,后者认为它由人们的偏好决定。为了达到前者所说的自由,人们必须拥有敢于勇敢的德性,即智慧;而为了达

---

① 《理想国》387b。
② 《理想国》387b:"他们应该是一些自由的人,是一些惧怕奴役远甚于惧怕死亡的人。"这里 ελεύθερος(自由)很明显可以与 άνδρείος(勇敢)互换。

到后者所说的自由，人们不得不放弃勇敢本身。勇敢是自由的，我们可以说是在这个词的异教意义（the Pagan sense）上用的：它指的是古希腊自治城邦中自由公民的德性。

我们可能注意到了这一自由概念的负面特征。它缺乏自我掌控（self-mastery）这种反身性的意义，这一意义由斯多葛主义引入并为基督教所采纳。摆脱屈服于主人的勇敢之人，并不是自身的主人，而是反过来成为别人的主人。因此他自由的实现预设了奴隶制的存在。如果要实现自身的目的，他对奴隶的需要并不比奴隶对他的需要更多。

因此，柏拉图城邦中护卫者的勇敢要依赖于某个不具备勇敢的阶层。柏拉图本人说，成为自己的主人是个荒谬的观念[①]，并由此得出灵魂有三个部分这一观念。城邦中阶层的不平等不过是这一否定产生的结论而已。

护卫者的最高阶层专有的德性是智慧。它是理性的卓越。理性是灵魂中能够把握逻各斯（即形式或秩序的原则）的部分。[②] 毫无疑问，负责重新制定法则，或者恢复不自觉被遵守的自然秩序（如

[①] 《理想国》430e："所谓'比自己更强'，这是一个可笑的说法……"［本书作者将此理解为"成为自己的主人"，这一译法的问题，参见《理想国》中文版，第179页校注（2）。——译者注］

[②] 智慧，与勇敢一样，最初是作为自然官能而被引入的，类似于看门狗能够认出它的主人家的成员（375d-376e；特别是"一个明哲的、热爱智慧的人，一个意气轩昂的人，一个疾速敏捷的人，一个强劲有力的人"，似乎这四个属性都是自然的），但是马上就超越了这一最初的含义。中文版参见第87页。

果已然丧失的话）的那些人必须要拥有理性。护卫者的这些行为不是守法，而是立法的行为。它们符合康德所说的自由的条件。康德说，自由行为不是由法则决定的，而是由法则的概念决定的。我们前文已经看到，柏拉图几乎不可能克服他的不情愿，从而认识到统治者的职能并不仅仅是为**他人**制定法则，或者说接受必然的逻辑，从而认为他们应该为自身立法。如果他认识到这一点，他的统治者就会享有卢梭所说的那种自由，即"遵从我们为自身制定的法律"。如果对法律原则的理智洞察不仅是制定法律而且还是遵守法律的前提，或者说如果智慧和正义是城邦所有阶层的普遍德性，那么自由就会取代正义而成为柏拉图政治社会的根基和目的，这样柏拉图的城邦就会被黑格尔的国家取代。①

柏拉图智慧学说最重要的意义以及其中蕴含进一步发展的可能性在于：智慧这一德性，不同于正义，它并不依赖于在主体中实现的形式之完满，而在于这一实现所产生的活动。这一活动并不产生于形式，而产生于有待赋形的实体；不在于赋予灵魂之上的（三重）

---

① 柏拉图实际上的确在一个惊人的段落中（《理想国》486a,b〔原文标注为468a,b，与此处分析不符，疑为标注错误——译者注〕）将"自由"赋予 φιλόσοφος（哲学家）。他说，与哲学家的本性最不同的性质是 ανελευθερία（不自由、奴性）。这一性质就像是 σμικρολογία（鄙吝、思维狭窄），将灵魂朝向微不足道的对象，而 σοφία（智慧）超越前者的地方就在于将灵魂朝向对"全部时间和一切本质的东西"的关照，而与之相比对 ὁ ἀνθρώπινος βίος（人类生活）的关注点就沦落为相对不重要的层次。这里 ελευθερία（自由）是在极其有限的意义上使用的，但这一概念很明显预示了基督徒通过放弃尘世的苦行而获得的自由。

形式,而在于灵魂有待赋形的"质料"部分;不在理性(Logos)中而在于理性活动(To Logistikon)中①。其中蕴含的结论是,灵魂从本性上不同于任何自然实体,也不同于任何技艺产品;它是形式实现活动之源泉。灵魂的特殊性对于其完满而言并不是偶然的,而是本质性的。下一章将会充分阐述这一结论,我在这里仅仅补充一下,这一结论会导致柏拉图发展出不同于一开始设定的人类本质论,从而导致他不再认为理性活动仅仅构成了人类本质的一部分(not merely as essential to man),而就是人类的全部本质(as his whole essence)②。这意味着,人的本质不再是种类上的,而是个体上的;而且其完满也不是作为某种形式的实体(substance of a form),而是某种活动的主体(subject of an activity)。这样,柏拉图就预示了笛卡尔的论点,后者首先明确想到这一结论,尽管基督教已经将其作为最根本的原则了。

---

① 这两个词都可以译成"理性",但前者是在抽象名词的意义上,后者是在可作主动动词的主语的意义上。不同于 Logos,To Logistikon 不是实现真理的**潜能**(potency),而是**力量**(power);不是 δύναμις(dynamis)而是 δυνάμενον(dynamenon);或者像莱布尼茨谈及单子的时候所说的,不是"pouvoir"而是"puissance"。这一区分的重要性参见第三章。

② 第九卷中理性活动被称为"神性的因素(τό θεῖον ἐν ἡμίν)"(《理想国》589d,590d),它也被称为"能使那内在的人最有力地控制那整个的人"(《理想国》589b),从而表明了它是人类的本质这一结论(亚里士多德明确得出这一结论:"这个部分也似乎就是人自身。因为它是人身上主宰的、较好的部分。"参见亚里士多德:《尼各马可伦理学》1178a[中文版,廖申白译,北京:商务印书馆,2009 年,第 307 页——译者注])。人的本质是其身上神性的东西,人的本质是理性的动物,这是两种不同的人性论。

我们不应忽略三重组织划分的另一个后果。正如我们所见，它将智慧和勇敢这两种构成人类本质部分的德性专门归属到护卫阶层，因此就必然造成了护卫阶层和生产阶层的不平等。但这种不平等不是完全单向的。如果统治和护卫阶层都是灵魂某一种本质部分的独享者的话，生产阶层也应该是这样。只有在生产阶层之中，欲望这一灵魂的第三部分，才接受了它真正自然的满足①，即在挣钱活动②中。

柏拉图最初认为，挣钱是一门技艺，因此它专业化为某一个单独阶层只不过是劳动分工原则的运用，后者构成人类德性的条件。如果这一观点是对的，统治者也只不过是其中一员，就像鞋匠不会因为成不了木匠就是一个坏的工匠那样。但是统治或战争作为技艺这种类比理论以及三重形式的引入标志着所有这样的三重划分的崩塌。城邦中第三阶层由多种技艺构成。如果挣钱真的是一门技艺的话，它就只不过是诸种技艺之一种，那么它也就不会使得诸种生产技艺者构成一个独立的**阶层**。因此柏拉图不得不将挣钱技艺看成是整个第三阶层的区分性标志③，即所有生产技艺的共同特征。它体现了一个人的欲望本性可以独立于其专门技艺之外。因此它并不是作

---

① 参见《理想国》442a：τό επιθυμητικον（欲望）"……由于它的本性而对于财货最贪求无厌的……"（中文版，第200页）

② χρηματιστική.

③《理想国》434b,c：χρηματιστιής φύαει（天性是商人）不能使一个人成为护卫者阶层的一员；433a,b,c, 451e, 甚至346c。

为单独一门技艺加以实现的,而是每位工匠通过他们各自工作而实现的。护卫者被排除在这一活动之外,这表明他并不单纯像某个工匠一样被专业化所限制,即其选择了一种生产技艺之后,就得放弃其他的可能选项;实际上他并不参与任何生产性工作。护卫者从任何可能的生产性劳动中排除出去,被柏拉图错误地认为是劳动分工的例子①;统治技艺与挣钱技艺的分离也错误地通过其他技艺的类比得到证明。②工匠通过致力于某种特殊的技艺而实现其灵魂中欲望部分的满足,这样便放弃了通过其他技艺实现其满足的可能选项。而统治者则放弃了所有关于灵魂"第三部分"的任何满足。

由于这一放弃,护卫者无论作为阶层还是个人,都被剥夺了工匠所具有的德性。作为一个阶层,他们并不具有建立在劳动分工之上的差异化组织。后者构成了商品交换和财富追求的条件。我们将其看作"最初城邦"和理想城邦中第三阶层的特征。作为个人,护卫者缺乏欲望成分,而柏拉图将其列为灵魂的第三种本质部分。不仅工匠由于无法达到勇敢和智慧这样的可能性而缺乏人类的完满,护卫者也是不完满的。由于缺少欲望,他们就没有享受或生产的能力。

我们已经看到,意气和理性这两个灵魂中较高的官能,如果让其在护卫者中得以发展出本己的德性,它们所实现的并不是正

---

① 《理想国》397e。
② 《理想国》397e:"一个士兵就是一个士兵,而不是在他的士兵职业之外又是一个谋利的商人……"

义这一德性,而是我们称为自由的德性,无论在自由这一难以把握的术语所包含的哪种意义上。这一点同样也适用于欲望部分。单纯为了满足欲望,而不考虑正义的理性秩序,也是某种形式的自由。如果愿意的话,我们可以称其为"任意的""虚假的"或"消极的"自由,但它毫无疑问仍然是某种自由。① 柏拉图本人称其为"Eleutheria"②,但他对之的态度完全不同于勇敢和智慧,后者本身就被视为某种自由。他将其视为对正义秩序的颠覆,而城邦这一建制需要建立在对它的压制之上。

智慧和勇敢这两种自由本身确实与正义理念不符。柏拉图称它们为德性,这就赋予了灵魂两部分的活动以内在的价值,从而打破了不同部分的平衡。在面对这一矛盾的时候,柏拉图选择放弃的是之前的正义理想,而不是这一新生的自由理想。柏拉图根本没有要求将城邦中的这些自由敉平,而是认为城邦的本质就是应该为培养和运用它们提供制度框架,因为毕竟正是这些自由的存在才使理想

---

① 这种自由的意义限定在现代经验主义哲学传统中。如霍布斯所说:"自由人……指的是在其力量和智慧所能办到的事物中,可以不受阻碍地做他所愿意做的事情的人。"(参见中文版《利维坦》,第 163 页——译者注)。另外一方,(像康德那样的)理性主义者将自由限定在道德行动,即由自觉的理性把握所支配的行动。这两种概念的萌芽在柏拉图那里都能找到,前者在生产者(χρηματιστής)的自由(ελευθερία)中,后者在统治者的智慧(σοφία)中。

② 参见关于民主制和"民主的人"的整个描述,《理想国》555b-565e,尤其是 557b:"是不是首先他们是自由自在的;这个城邦充满着自由……"562b,c(自由是民主制的目的),自由在这里很明显与奴役(δουλεία)相反(563d),最极端的民主自由是奴隶的解放(563b)。

的城邦不同于粗野的"最初城邦"。柏拉图似乎感觉到这两种自由在某种意义上要包含和超越正义,而欲望的自由则是对其的敌视;后者不是超越了正义,而是削弱了它。这两类自由的区分对于黑格尔对柏拉图的理解和批评而言至关重要。

我们会发现,黑格尔反复强调的对柏拉图政治哲学的根本批评就在于,柏拉图的城邦建立在对灵魂欲望部分的压制这一基础上;如果不对之加以压制的话,它就会爆发出来从而公然反对并最终摧毁合法的秩序。而与这一缺陷相对立,现代国家的威力就在于自身可以容纳这一自由,甚至从对这一自由的使用中吸收活力。不过《理想国》自身之中恰恰已经隐含了这一批评。当城邦被悄然等同于其中的统治阶层,将第三种快乐排除在外似乎是必要的,因为欲望的自由既不与统治者的德性相符,也不与统治者维持秩序这一任务的实施兼容。柏拉图从来没有完全摆脱这一等同建立其上的混淆。①但是如果他摆脱了,并且真正意识到了他的城邦规划所蕴含的内容,即并非统治者的被统治阶层是城邦不可分割的组成部分,那么他肯定会看到,给欲望的自由留出某些空间,对城邦而言也是本质性的。统治者中被禁止的东西在被统治者中是不可缺少的,因为没有了它,也就不会有满足整个城邦需求的经济活动,不会有由于劳动分工而形成的经济组织,尽管这一组织局限在被统治阶层,但仍然

---

① 古希腊将奴隶阶层排除在公民之外,这一点同样意味着,正常的古希腊人无法想象,除了主人阶层之外还有什么其他阶层可以组成城邦。

是整个城邦建制所建立其上的底层结构。

III

柏拉图完全意识到了，城邦正义和灵魂正义是不同的东西，而且他的论证几乎都在致力于表明这两种秩序是相似的而不是互相依赖的。尽管如此，《理想国》中有一个设定是毫无疑问的，即其中一种正义的获得就蕴含着另一种的获得，对和谐良好的城邦礼法（Nomos）的遵从将会导致灵魂不同部分之间的和谐，由此个人就实现了完满。① 无论我们考察的是"最初城邦"还是理想的城邦，这一假定都是合理的。只要城邦的本质是经济的供需秩序，其中每个成员的德性是他的技艺即其所"擅长的东西"，那么他们之间就存在着彼此关联的完美纽带。经济组织只有建立在有技术的工匠之专业化活动之上才有可能；反过来，技艺的专业化发展只有建立在组织化的经济系统中才有可能。

当城邦正义不再是技艺的组织化，而是三重形式的维持，个人正义也不再作为技艺的自然官能的赋形，而是灵魂三重构造的平衡，二者之间的相互影响和彼此蕴含仍然存在。这一新的界定的不同之处在于，城邦和灵魂的德性都不能被认为是单纯正义了。工匠的全部德性在于技艺，经济社会的全部德性在于经济组织。亦即，

---

① 《理想国》443c 以下。

它们每一个的本质都在于实现了的形式，而形式于其中实现的质料则是偶然的。后者包括人类作为动物的自然官能以及构成经济社会的不同行业。但是灵魂的三部分并不单纯是其三重形式的质料，就像自然官能作为技艺的质料那样；而且人的德性也不单纯是正义，就像工匠的德性在于技艺的正义那样。柏拉图没有认识到这一区别，不过他还是暗示了它：他承认，灵魂的两个部分分别将智慧和勇敢作为自己的德性，而它们超越了保持灵魂不同部分之间的和谐这一正义的德性。城邦三重阶层作为质料与政治建制之间的关系，也不同于"最初城邦"中不同行业与经济组织的关系。正如阶层不同于行业那样，灵魂的部分也不同于自然官能，因为它可以有其自身的德性。正如由不同阶层组成的城邦不同于经济社会那样，人的灵魂也不同于工匠的技艺，因为它的本质不单纯在于不同部分的形式，其德性也不单纯在于其组织化的完满。① 每当柏拉图说，城邦的三重部分获得了超越"最初城邦"的某种德性，他都暗示了上述不同。但是他没有明确认识到这一点，因为他甚至都未能区分政治建制和经济组织。

　　这只是我们在整个《理想国》中所发现的典型程式的一个例子。柏拉图在向一种概念框架引入新理念时却没有将其坚持下去。他既避免发展出新的理念，同时也要抛弃旧的理念，这都缘于他没有认识到二者的不同。我们必须再次重复一下，柏拉图未能区分二者，

---

① 或者说，它不只是一个有机体。

这对于其整个政治哲学而言是本质性的。通过排除新的或者抛弃旧的来强行寻求一致，这种努力产生的要么是不够柏拉图主义，要么是超过柏拉图主义的某种东西。

自由这一观念是从旧瓶中流出来的新酒。哲学家在智慧中、士兵在勇敢中、生产者在赚钱中所实现的都是"灵魂某一个部分"的完满，而非不同部分之间的和谐。每种实现都是不同意义上的自由，而每种自由的获得所要求的并不是对灵魂其他部分的满足，而是对其的牺牲。只有当哲学家从欲望的束缚和一切实践活动中解放出来才能获得智慧，而且只有当死亡完成了哲学训练开启的任务（death has completed the task which the philosophical training began），并且最终切断了对灵魂次要部分的依恋①，灵魂的理性部分才能够达到所能获得的最高德性。只有当欲望摆脱了理性的一切控制之后，它才是最自由的。最重要的是，勇敢，作为灵魂"第二部分"的德性，既与理性活动不相符，也与欲望的自由不相符。它是在理性原则的指导下实现的，但这一实现并不是通过理性活动的把握，而是通过信仰的接受。柏拉图称这一信仰为"正确的意见（Orthe Doxa）"，正是由于这一缺点才使其区别于理智把握。而也正是这种所谓的缺点才使得勇敢成为一种伦理德性或品格。比如，只要士兵对应该畏惧什么、不应该畏惧什么仅仅具有"正确的信仰"②，他就

---

① 在《理想国》第九卷558处（光怪陆离的野兽这一神话），柏拉图很明显把灵魂出于"此世生命"的必要性而受制于其次要部分这一点看成是实现其最高部分的不利因素。
② 《理想国》429e。

能在危险的诱惑（temptation of danger）面前保持它，从而构成了勇敢行为。如果理性取代了意见，士兵就不会面临危险的诱惑，因为他可能会实现智慧这一理智德性，从而失去了获得勇敢的机会。勇敢是异教的自由，正是因为它，自由人才得以与奴隶相区分。苏格拉底的敌人警告说，沉溺于哲学沉思，如同投身于奴隶般追求财富一样，会摧毁生来自由（free-born）之公民的朴素德性。这种警告并不是完全虚假的直觉。智慧预示着一种新的自由理念，即基督教的自由。这两种理念的互斥是某种冲突在哲学上的反映，这种冲突发生在比学院更大的舞台上。

灵魂三部分的这些德性不仅没有包含在正义的理想（作为三部分的平衡）中，而且还与之敌对。尽管每一部分的施展都需要一个社会，但这个社会应该是阶层，而非三重结构的城邦。哲学家必须属于哲学家共同体，战士属于军队中的同志关系，生产者属于经济社会；因此灵魂的每一部分都能在三种**等级**（estates）机构中的某一个找到其客观对应物。这些等级组织不仅没有包含城邦的正义理想，而且还积极反对它。城邦的正义理想意味着每一等级都与其他等级在相互依赖上达到最亲密的关系。与之相反，似乎每一等级都只有通过最大可能地独立于其他两种才能最好地确保其成员的自由。哲学家共同体通过把与此世的关联降到最低才能使其成员实现最佳自由；经济组织也只有从有目的的控制中解放出来才能获得其真正的发展。

每一等级，如果不与其他两个统一在一起，就摆脱了局限性。

第一个就成为基督教的兄弟关系,第二个成为世界范围内的骑士精神,第三个成为普遍法则保障下的私人财产制度。这些社会都不再是政治的;每一个都以某种意义上的**自然法**(natural law)为基础。

作为灵魂的三重形式,正义是将各个部分统一成一个独立人格的纽带;作为城邦的三重形式,它是将三个阶层融会成一个政治社会的纽带。柏拉图错误地认为,灵魂的正义包含所有人类的德性,因此就错误地认定,其政治建制应该为实现人类所有的德性提供制度框架。不过,个人灵魂各个部分的统一与城邦各个阶层的统一相互依赖,柏拉图这一观点则是合理的,因为其中某种统一由于自由的消解而导致分裂也会伴随着另一种统一的分裂。而且,这两种理想的同时复兴标志着现代的降临。人类灵魂的完满再一次被认为体现在将所有部分融会成个体人格这一点上;同样,人类社会的完满再次体现在将各个阶层统一到民族国家中。

个体与国家存在根本的对立,这一公认的教诲正确与否要根据"个体"被赋予的意义来判定。这句话一般包括两个基本的对立:国家法律与个人良心之间,国家法律与个人利益之间。它们两个都构成了真正的对立。良心对应于柏拉图所说的灵魂的理性部分,它为了实现完满的自由的确需要某种法律,而这种法律却要超越局部的限制。个人利益是对柏拉图称为灵魂第三部分的满足,这意味着经济动机在其成员组成的社会中自由发挥作用。无论我们将经济社会的法则看作用来保护财产的规则体系,还是看作经济活动在其中所展示的规则,它们都不再像某个国家的实证法那样受到任何疆域上的限制。

在上述所有这些情况中,个体与国家的对立都要依赖个体作为普遍社会的成员资格,而每一种情况中个人在这一普泛社会中的成员资格都只要求**某一个**"灵魂部分"的参与,其他部分则被排除在外。只有我们满足于将个体等同于其自身某一个部分的时候,我们才能说,个体与城邦之间存在对立。但当我们用个体指灵魂不同部分联结而成的一个人格而非通过排斥其他部分而使某一个得到发展的时候,这些普遍社会被融合(fusion)成一个民族国家,就不再是这种人格发展的对立物,而是其客观对应物和必要条件。不同的社会与将其同化的国家、"灵魂的不同部分"与将其同化的个体,它们之间才存在真正的对立。而上述这些就是"个体与国家之间存在对立"这一容易产生混淆的表达所模糊意谓的东西。

复兴并不是简单的回归,而且我们也不可能直接重建古希腊的正义理想,无论后者作为灵魂的统一还是国家的统一。古希腊的正义是排除自由的统一;而人格和国家的现代观念都是建立在自由基础之上的统一。

这一根本议题涉及现代国家的政治哲学与古代的城邦哲学的差异,而且特别关涉黑格尔与柏拉图政治哲学之差异。黑格尔对此有清楚的把握。他不厌其烦地宣称,现代国家建立在自由基础之上,而不像柏拉图那样将自由排除在外。毫无疑问,为了理解这一差异,我觉得非常有必要知道居于二者之间的哲学,尤其需要明白潜藏在柏拉图思想中的自由理念是如何在中世纪的基督教哲学中得到发展的。当然我并不打算尝试这样的工作；相反，我将考察黑格尔如何借助批评柏拉图的政治哲学而阐述自己的思想，从而尝试通过这样一条捷径和侧面入口进入其国家哲学。伟大的哲学家并不总是其前辈的最好的批评者，但我们追随黑格尔所从事的方法，与任何其他哲学家相比都不会更让我们产生误解，因为他本人就是第一位而且仍然是最伟大的哲学史家。

附录 C　柏拉图那里的教育和统治

Ἀρχή（原则、建基）和 ταιδεία（教育）这两个词在柏拉图那里是可互换的。因此他在 590e 处说："我们不允许儿童自由，要直到我们在他们之中，就像在一个城邦里那样，建立起一个政体……"①后半句话的意思似乎是，当学生成为城邦中自由而负责的被统治者之后，教育过程就终止了。但情况并非如此，城邦中被统治者的生命与其学徒生涯共存。教育结束之日起，他就不再是自由的被统治者，而是统治者，他自身反过来成为了教育者。

统治等同于教育这一点在 599d-600a 中也得到了阐述，在那里苏格拉底质疑了荷马的所谓智慧："……你因此曾经有能力懂得什么样的生活方式能够使一个人在个人生活和公众生活中变得更好或更糟，那么请你告诉我们，在诸城邦中有那么一个城邦是因为你而

---

① 参见《理想国》中文版，第 451 页。

得到过更好的管理吗?……你,试问有哪一个城邦承认你曾是一个好的立法者并且使人们得到了实益呢?"① 这里的前提很明确,立法者的任务是让人们生活得更好,这与教育者的任务是一样的(中文版第465页600c处:"如果荷马果真是能够教育人并且造就人的话……")。此外还有一句更加惊人的话:"如果不是在公众的生活中,那么,是不是在私人之间的生活上,有人说过荷马在世时曾经是过什么一些人的教育上的导师呢?"(中文版第464页600a)成为政治家和成为教师这两个选项就相当于"公共"教育和"私人"教育这两个选项。

这里和其他地方一样,柏拉图在反思古希腊实践背后的原则。私人教育不重要,但城邦是公民终生的学校。可以比较一下一位父亲在探讨如何最好地教育儿子时给出的答案:"让其成为统治良好城邦中的公民。"

---

① 参见《理想国》中文版,第463—464页。

III

黑格尔对柏拉图的批评："主体性要素"

现代与古代政治理论原则上的差异在于：前者让自由成为国家的根基、目的和限制。现代诸理论可能会根据自由的不同含义而彼此不同，但当我们解释它们所共同具有的原则时，这些差异相对就不那么重要了。它们由于这一原则而与古代诸理论相对立，后者认为国家是自然的。

每当黑格尔通过批评柏拉图而发展出自己的理论之时，他都会抓住这一差异。但是他的表述方式有很多。城邦中被发现的缺陷及其在政治理论中的反映在于，它未能尊重"个人的权利""个人的自由""满足主体① 特殊性的权利"。但是黑格尔说得最多的与此相关的术语可能就是"主体性"。不同于城邦，国家的特征就在于让"主体性要素（the subjective element/Das Subjektive）"发挥作用，"主体自由"是"现代世界的原则"。因此准确理解这一术语就显得非

---

① 这个词（Des Subjekts）并不意味着政治臣民，或者与统治者相对的被统治者。

常重要。

对我们而言，最容易的办法就是考察"主体（subject）"一词的原初含义。这个词是亚里士多德"ὑποκείμενον"一词的拉丁文翻译，意思就是诸种谓词的主词。根据亚里士多德的理论，万物的本质都在属和种差这两种谓词中穷尽，属和种差共同构成了对其的定义，并宣示了该物的形式或本质。形式或本质，像任何被谓述的东西一样，必然是一般性的；它的本性在于能够谓述其他主词，而它本身并不是任何条件下的主词。当然，特殊的主词中总会有某种残留成分不能被任何谓词充分把握。在亚里士多德的理论中，这一成分就是与形式相对立的质料、与本质相对立的偶性、与主动相对立的被动以及与一般相对立的个别，而它更严格准确的说法就是"主体性要素"。

柏拉图认为，正义构成了人作为公民的德性，它既是形式的，也必然是一般的。它在诸多个别主体中是一样的，主体的特殊性对于它的实现而言是偶性，亦即主体要素被排除在其本质之外。由于正义被视为个别灵魂的本质，它像自然物的本质一样，被置于某种东西之中，而个别主体的个体性在其中则是无关紧要的。

主体要素并没有以同样的方式被排除在智慧这一德性之外，我们在其中发现了对某种现代意义上的自由的预示；① 它也没被排除在"欲望部分"的活动之外，柏拉图将其贬低为享乐，可以对应现

---

① 本书第二章，前文第 57 页。

代意义上的第二种自由。①接下来的考察将澄清这一点。正义是灵魂中理性（Logos）的现存，它将某种形式赋予给定的质料。这种形式是灵魂三部分的关系整体，质料就是那些彼此脱离关系的部分，即理性、意气和欲望。这种一般的古希腊理论迄今还没有不能适用的东西。形式是一般和本质性的，而用中性宾词指称的主体（Des Subjekts）则是个别和偶性的。重要的是，如果我们坚持这一观点的话，赋形活动就要归给形式，而不是质料；归给理性而不是主体要素，无论后者是理性活动、意气活动还是欲望活动。

但是智慧的情况有所不同。这一活动也是通过理性来为主体赋予形式，但赋形活动的产生并不在于正在赋形的理性，而在于被赋形的主体，即被称为"理性活动"的"主体要素"。也就是说，个别主体要素并不是偶性，它不单纯是有待赋形的质料或被动的潜能，而是一种在自身中实现形式的主动性力量，因而对于其实现而言不是偶性而是本质性的。正义与智慧二者之间的差别就在于这两种赋形的不同，前者是形式的现存（presence of form），而后者则是形式的认知（knowledge of form）。对前者而言形式是主动的，主体只不过是赋形活动所朝向的被动材料；而对后者而言主体本身是主动的，他通过认识活动来为**自身赋形**（informing itself），因而这种形式就不再是被动对象。这一差别还可以通过"to realize"这一英文术语的两种不同含义而得到进一步解释：(1)"现实化（to make

---

① 本书第二章，前文第61页。我之后会处理勇敢德性中的"**主体性要素**"，参见本书第91页。

real)"；(2)"意识到（to become conscious of）"。正义和智慧都是对"形式的现实化"，但却在不同的意义上。在前者中，形式在主体中得到了实现，而且实现活动无论如何都产生于主体之外（无论是不是形式自身）。在后者中，主体意识到了形式，所以形式不是在主体中而是由主体得到实现，因此这一活动的源泉就在于主体自身。如此，主体就具有了更重要的意义。他不仅是具有固定谓词的主词（与谓词相对的主词），而且还是活动的主体（与客体相对的主体）。对于智慧而言，其本质并非形式，而是由作为个体的主体对形式的占为己有（appropriation）。

因此柏拉图的智慧德性中已经包含了黑格尔所说的"主体性要素"。

但是在柏拉图看来，这一德性并不适合作为城邦的成员或公民，而只适合城邦中的统治者和护卫者。"主体性要素"所保证的并不是与正义共存（因为城邦的所有成员都是正义的），而是与赋予和保证正义的活动共存（只留给少数人）。唯一向城邦非护卫者的成员开放的德性就是正义①，而正义这一德性的实现并不需要公民灵魂中的主体要素参与。被统治阶层与统治者的关系只不过是质料与工匠的关系，**这一结论并没有超出技术统治论**。他们的灵魂是接受主动形式的被动质料，因而并不是自主活动的源泉。

如果我们注意到智慧德性中主体要素的活动，我们肯定不能

---

① 关于节制，参见本书附录 D，第 99 页以下。

说，柏拉图的城邦规划建立在彻底排除"主体性自由"上，因为它从本质上要求统治者中具有这种自由。黑格尔的批评只在有限的，也是非常关键的意义上才是正确的：柏拉图的城邦建制意味着**统治者之外的所有其他人**不能享有这种自由。

我们上文已经指出，黑格尔认为城邦中缺乏的"主体性要素"可以在智慧中找到其表现。但这并不是唯一的表现。灵魂第三部分，与第一部分一样，也同样有资格被冠以"主体性要素"之名，在挣钱这一经济活动中欲望的满足也是某种主体自由。如果我们在这一意义上理解这些术语，将"主体性要素"等同于柏拉图所说的灵魂"第三部分"，并且将"主体自由"等同于欲望满足的自由，那么黑格尔对柏拉图的批评会呈现另外一个不同的角度。

柏拉图对待这一主体性活动的态度完全不同于对待理性。这种活动本身在某一重要方面的确也不同于后者。智慧中主体活动面向的是形式或普遍之物，并且完全被其决定；而欲望面向的是某个特殊对象，而这一点并不符合自我服从普遍之物的指导这一柏拉图所说的正义规则的本质。很明显，柏拉图必须要将欲望排除在统治者灵魂之外，正如同他将所有经济差异化（作为挣钱机制）从阶层化组织中排除出去一样。

柏拉图是否将欲望也排除在被统治阶层的灵魂之外呢？如果是的话，他的城邦中是不是真的就没有这种自由呢？

似乎我们必须得回答"是的"，如果我们想到从柏拉图那里可以得出的两个结论，即被统治者"本性就是贪利（χρηματιστής φύσει)",以及被统治阶层的组织建立在劳动分工基础之上。但是简单给出肯定的回答,会忽略一个重要的事实,即我们从柏拉图那里推论出来的远不止这些。如果他已经认识到,被统治阶层甚至在秩序良好的城邦都可以获得某种统治者所不知道的满足,而且被统治阶层没有借助智慧就发展出了某种秩序,而这种秩序不同于统治者通过智慧所赋予的政治秩序,那么他将会预判到黑格尔的批评,而且还会预想到黑格尔本人学说中的某些内容。但只有明确放弃其正义理论他才能做到这一点,而正义理论恰恰是其伦理和政治哲学的基本前提。

《理想国》主要的伦理论题是:正义之人必得福,或者说灵魂完全受到理性支配的人必然是最幸福的人。对这一论题的证明要取决于,欲望的满足中是否就没有积极的因素可以吸收到理性实现的善好中去。[①] 二者之间的关系就如同对某个特殊物(比如某个三角形)的感官知觉与对普遍之物的理智把握的关系。[②] 前者是对真理的一瞥,而后者则是对其的完全实现;前者并不包含任何后者没有的知识要素。因此欲望的满足对理性善好浅尝辄止,并不包含任何理性善好享受不到的幸福。这一伦理学说非常明显包含着对这一观点的否定,即被统治者可以获得某种统治者没有的满足。如果理性的满足包含着灵魂所有其他部分满足的话,统治者自身就能实现人类灵

---

① 《理想国》586d-587a。
② 我指的当然是柏拉图的知识论。

魂所能获得的所有幸福。而被统治者获得这样的幸福，并不靠对其欲望成分的满足（这一部分构成了被统治者灵魂的本质特征），而是靠将其欲望隶属于理性，就像在统治者灵魂中发生的那样。由于被统治者自身的灵魂中并不蕴含这一理性原则，他就必须受统治者灵魂中这一原则的统治。

《理想国》主要的政治论题是：接受统治对于被统治阶层而言是好的。统治阶层的活动是赋予被统治者以形式，这一论题依赖的假设是：被统治阶层本质上缺乏形式，因而需要统治阶层提供（因为任何存在都必须由质料和形式构成）。从这一假设出发，我们就会得出柏拉图的这一结论：城邦这种统一体是所有统一体中最紧密的，因为它的不同成分被联结起来的纽带并不是个别事物之间的物理关系，而是在个别事物构成中形式与质料的那种形而上学关系。第三阶层由于其经济活动本身就被赋予某种秩序，并独立于统治者赋予的政治秩序之外，这显然与柏拉图的政治学说不符。①

---

① 如果我们指出柏拉图的这两个论题在英国经验主义伦理和政治理论中是矛盾的，那么它们可能会得到更清楚的理解。正是在经验主义的伦理学中才首次宣称，感官可以提供某种理性无法通达的满足，而且并不包含在理性善好的实现中。因此感官经验的即时享受不仅仅是"这是好的"这一判断的充分证据，而且也是必要证据。

灵魂中感性具有某种自主性这一经验主义学说对应社会的经济领域具有自主性这一经验主义学说。经验主义者发现，人们在社会中的经济行为并不受政治的支配；没有后者的支配，它们并不陷入无组织的混乱之中；它们并不仅仅是等待赋予形式的质料，而在不自觉的引导下自然产生它们自己的某种法则和秩序。这样经济领域的这一法则就成了政治经济学（不同于政治哲学）研究的对象，而且首次使得经济秩序和政治秩序的区分得以可能，而柏拉图将这两种秩序混而为一了（参见第一章，前文第29页）。（转下页）

79　　我们从柏拉图那里可能（或者必须）得出的推论是：灵魂的欲望部分所获得的主体性要素的满足，既无法在统治者也无法在被统治者中找到；国家的被统治阶层展现出的秩序不能等同于护卫者阶层的秩序，也不等同于不同阶层被联结在一起的政治秩序。尽管如此，柏拉图本人由于上述有关正义的政治和伦理学说而无法得出这些推论。① 这种正义学说证实了黑格尔的批评，即柏拉图将主体自由排除在公民灵魂之外，且没有在国家构想中为其留下任何发挥作用的空间。黑格尔为了反对柏拉图而发展出的学说可能也隐含在后者本人的思想中。但同样我们也可以说，这正构成了哲学家之间的真正批评。

80　　黑格尔批评柏拉图说，城邦没有给"主体自由"留下空间，而且它只有通过压制"主体性要素"才能维持自身。② 但为了探讨黑

（接上页）几乎不需要补充这一点：早期经验主义者在其伦理和社会理论中倾向于忽略"第三个要素"的自主性（autonomy）和专断性（autocracy）这两种宣称的区别，无论是在灵魂还是在国家中。

① 而且，我们得提醒一下自己，他的立场模棱两可；由于他不合法地将劳动分工等同于三重形式，将挣钱等同于技艺（τέχνμ），所以我们既不能说他得出了上述结论，也不能说他没有得出它们。

② 黑格尔还补充说，柏拉图理论中反映出的这一缺陷也是历史上古代国家的特征，而且他认为古代世界的崩溃就是由于"主体性原则"（他说这成了基督教的伟大原则）在其不被压制的情况下不可阻挡的爆发而出（参见《法哲学原理》，序言，第185、206节，中文版，第10、200、215页）。他喜欢将城邦的这一缺陷与现代国家的巨大力量相对比，后者在其中为主体自由的施展留下了空间，从而使现代国家不仅能免于这一原则的侵蚀，而且还从其活动中吸收了活力。

我们可能还会指出黑格尔的一个对比，即古代城邦中的内乱和现代国家（转下页）

格尔的这一判断在多大程度上是正确的，我们有必要对其添加一些限制。

首先，我们不能说柏拉图那里没有任何主体性活动。相反，智慧德性，作为柏拉图城邦的特征，必然预设了主体性要素的活动。的确，一方面，这一德性及其蕴含的主体自由被限制在了国家中的统治阶层，而作为城邦被统治阶层的那些成员不被允许享有相应的自由。主体性自由在于赋予形式，而不在于服从形式。另一方面，如果我们根据灵魂第三部分即欲望部分，而非前两部分来规定"主体性自由"的话，这一因素的确被排除在柏拉图城邦之外。无论统治者还是被统治者都没有这种自由。

我们无论怎么坚持这两种主体活动的差异都不为过：柏拉图限定在统治者中的与从城邦中排除出去的。前者是对形式或普遍之物的实现，而后者是灵魂对特殊之物的朝向。确实，它们不仅不同而且也不可兼得，对前者的获得就意味着对后者的放弃。一个人只有通过教育摆脱感官知觉把握的幻象，他才能看到普遍之物。他也只能通过教育，放弃感官欲望的满足才能意愿它。这也就是为什么统治者必须放弃家庭生活的私人情感以及私有财产的拥有权，尤其是挣钱活动。护卫者的整个教育就在于对这种舍弃的培养，其目的是为了施展某种"主体性自由"，而其手段是通过对另一种自由的放弃。

（接上页）中的政党。内乱是典型的"主体性要素"的侵蚀（对柏拉图而言，它是正义的直接对立面，参见《理想国》444b，464d），它盛行于城邦律法中断之时。但是政党并不与现代国家中法律的维持不兼容；政党政治恰恰是法律发挥作用的过程。

黑格尔彻底混淆了这一区分。他从来没有看到，在批评柏拉图排除"主体性"的时候，他做出了两种不同的对柏拉图理论的批评，而不是一种。他批评的理由首先在于被统治者不能享有统治者在智慧中所获得的自由；其次在于城邦没有给统治者本身舍弃的那种自由留出空间。因此，黑格尔声称在自己的理论中国家由于建立在"主体性自由"之上从而避免了城邦的上述缺陷。他实际上表达了两种关于国家主体的自由，它们彼此不同并且似乎还互不兼容：(i) 自由意味着意愿（will）普遍之物从而行为受到法的概念的规定，而不只是法的规定；(ii) 自由意味着意愿特殊之物，而且包含超出任何法的概念规定之行动条件。但是黑格尔从来没有意识到这是两种不同的自由概念，而且他引入其中一个的理由也不适用另一个。

(i) 法不能强加于国家中的被统治者。这种法不是柏拉图城邦中的律法，后者通过统治者的活动施加于工匠，而不用征得他们的同意。国家中的被统治者只有当其理解他所服从的内容时才是自由的，因为他的理解构成了其服从的根据。黑格尔说："我在做某事时，是依据风俗习惯，还是因为我受到风俗习惯中所含的真理的驱使，这当然不是无足轻重的。"[①] 实际上，这涉及两种行为的所有差异：一种建立在主体自身理性活动基础上的行为，一种则没有；换言之，一种是自由的，一种是不自由的。这种自由的权利就是"洞

[①] 黑格尔：《法哲学原理》，第140节补充，中文版，第160页。

察的权利（das Recht der Einsicht/right of insight）"。① "主体意志的法（权利）在于，凡是意志应该认为有效的东西，在它看来都是善的。"② "现代世界的原则要求每一个人所应承认的东西，对他显示为某种有权得到承认的东西。"③

这就是黑格尔对"启蒙"这一伟大原则的阐释，它意味着个人可以独立于教会或君主的权威而作判断。如果我们想要更加准确地理解这一原则的内涵并且避免谈及自由所习惯带有的那些夸夸其谈，我们可以通过参考《理想国》中已经得到规定的那些概念来做到这一点。④ 当对法律的遵从取决于其理性部分的活动之时，国家中的公民才是自由的。这一活动与柏拉图认为的作为管理者的统治者必须具有的东西一样：这是一种遵从的自由，而不是不遵从的自由（尽管它必然蕴含着不遵从的可能性）。黑格尔笔下的主体，其行为被普遍秩序所规定，这一点与柏拉图笔下的工匠一样。他还必须克制自己的激情以服从这一秩序，这一点也与柏拉图笔下的辅助者一样。二者唯一的不同在于，黑格尔笔下的主体必须理解其所服从的秩序；而且他得自觉克制其激情。黑格尔国家中的每一个主体必须拥有智慧德性，而柏拉图认为一个人一旦开始具有这一德性，他就不再是被统治者而成了统治者。

---

① 《法哲学原理》第 132 节附释，中文版原译为"判断的法"，中文版，第 134 页。
② 同上书，第 132 节，中文版，第 133 页；以及第 228 节。
③ 同上书，第 317 节补充；以及第 140 节附释。
④ 除了这一参考或至少是类似历史性的参考之外，我看不出这一点还能以其他方式达到。

由于国家中的主体所做的无非是城邦中的统治者需要做的，即通过其知识达到普遍的概念并且意愿它，那么他所经受的训练，其艰辛程度与柏拉图所认为的一个人适合成为统治者必须经受的训练一样。只有通过某种训练放弃所有特殊欲望，一个人才能达到对普遍之物的意愿。对黑格尔而言，这一训练采取的是道德教育的形式，而且当他讲到道德性的时候他总是想到康德。道德性的伟大任务，如康德所认为的那样，在于一个人应该从其所有特殊欲望中解放出来，而且将自身提升到能够意愿普遍义务上。尽管黑格尔不厌其烦地坚称，在康德那里，单纯的普遍道德法则是空洞的因而不适合成为任何行动的标准，唯一真正的道德行动在于致力于实现现实国家的法律，但他毫不犹豫地认定，主体必须**首先**达到道德的立场然后才能意愿后者的实现，因为现实国家的法律自身就是普遍的，从而对其的实现不同于任何特殊欲望的满足。

给康德与黑格尔的道德理论之间的关系一种充分的描述超出了本书的范围。但是对康德的引用可能足以强化我这里所关注和坚持的东西。黑格尔所说的积极的主体要素不同于，甚至从根本上对立于另一种主体要素，后者成为欲望的源泉：它是康德所说的"敬重"，"敬重是一种**损害我的自爱**的价值的表象"。①

(ii) 当黑格尔断言说城邦中没有给"主体自由"留出空间的时

---

① 康德：《道德形而上学的奠基》(《康德著作全集》第四卷)，李秋零译，北京：中国人民大学出版社，2005 年，第 408 页注释。

候，他也经常指完全不同的东西。他的意思是，城邦没有为某种活动留出空间，即灵魂的欲望活动，它在挣钱中找到自然满足。这种自由完全不同于上述的那种自由；它是在不同选项之间做选择的自由，而这种自由不由理性而是由欲望来决定。在前者的意义上，一种行为因其被法则的概念所规定而是自由的；在后者的意义上，某种行为因其缺乏规定其概念的法则而是自由的。前一自由的条件是，法则应该是理性的，而且应该被主体理解为理性的；后者的条件是，法则这一术语是如此宽泛以至于它留出了那些未被理性规定的领域，在这一领域中，个人能够纵情于（give rein to）任意的选择。

个人自由这一领域反对法律侵犯的最大堡垒就是私有财产权制度。柏拉图未能认识到它的价值，从而导致他取消了私人财产。"柏拉图理想国的理念侵犯人格的权利，它以人格没有能力取得私有财产作为普遍原则。"① 在这一点上黑格尔并没有区分城邦中统治者和被统治者的地位。如果我们做出这一区分，我们必须得说，私人财产的共有并不像黑格尔这里所想的那样，可以拓展到护卫阶层之外。尽管如此，黑格尔的批评也适合工匠阶层，尽管出于完全不同的理由。② 城邦中的被统治者没有财产来建构其自由的堡垒以反对政府的控制；他行动的所有领域，包括最小的细节，都被统治者确立的理性律法所规定。被统治者的生命中没有什么可以不受理性的无

---

① 黑格尔：《法哲学原理》，第 46 节附释，中文版，第 55 页。
② 统治者没有财产的理由与僧侣一样，被统治者没有财产的理由与奴隶一样。

情支配，因此黑格尔整个批评也适用于被统治者没有这种自由这一点。他批评柏拉图将城邦生活的所有特殊细节都交给理性领域，比如婴孩交由他们的乳母加以抚养。① 柏拉图城邦中缺乏自由的最大标志就是，个人按照统治者的判断而被分配从事某种行当或职业，而不是通过他自己的选择②；统治者给每位被统治者规定了某种他需要提供的具体服务，以作为其对公共事业的贡献；而不是（以税收的形式）通过货币价值来估算他需要做出的贡献，而让其自行选择创造出这些货币价值需要哪种工作。③

在国家中这些选择并没有被法律所规定，个人根据自己的需求有选择的权利。个人满足欲望和提供需求的自由只能在赚钱或国家中的经济领域才能施展。后者建立在私人财产权和自由分工基础之上，被民法限定和支持。但它内在组织的产生并不归于立法活动，而是依靠经济法则的不自觉运行，这种经济法则是在其自身领域自动产生的。自由国家中的经济领域必须从政治控制的支配下解放出来，就像自由人灵魂中的欲望必须从理性的**支配**（dominium）下解放出来一样。

黑格尔以"主体自由"这一名号批评柏拉图的时候混淆了两种自由。我分别称之为"道德自由"和"欲望自由"。在黑格尔的作品中有很多段落表明他不仅混淆了二者，而且还明确将这两者加以等

---

① 黑格尔：《法哲学原理》，序言，中文版，第 11 页。
② 同上书，第 206 节附释，中文版，第 215—216 页。
③ 同上书，第 299 节附释，中文版，第 317—318 页。

同。这些段落或明或暗地致力于对康德道德理论的批评[①]，其中他反复批评的论证是：康德认为道德意志的纯粹性本质在于其应该被单纯普遍法则所规定，拥有脱离现象界的永恒存在以及被认为完全区别于历史中产生于某个特定时间和地点的任何或所有法律表现。黑格尔否认这种法律能够规定个别行动，因为它过于抽象；而且他还将康德从普遍法律准则中推出特殊的义务这一努力称为虚假的。一个人可以做出正确的行动，而且他的确做出了某些行动，但这些行动实际上并没有受到他决定要遵守的道德法则的规定，因为法律是完全无规定的，并不能充当做出这种行为而不是其他行为的理由。非反思的人们从来没有意识到这种"道德的"立场，但并不面临悖谬；其行为被他们所在的某种社会制度和习俗中的法律规定。这些法律就是黑格尔所说的"具体之物"，能够而且的确规定了人们实施的行为。而"道德的"人不仅仅停留在接受任何历史习俗或实证法的权威这一点上，而且他的自由还在于设定普遍的义务法则。他在摆脱对具体法律的忠诚之时，似乎就从唯一能够规定其行为的法律中解放出来了。尽管如此，他的行为还是得需要某种东西来规定。由此必然得出，他的行为，甚或是那些佯装遵守道德法则的行为，实际上还是被灵魂中的欲望、冲动和激情这些要素决定。这些要素

[①] "自然法的科学处理"，见拉松版《黑格尔政治和法哲学文集》，第二版，第349—354页；《精神现象学》，第六章 C，"对自身具有确定性的精神：道德"，拉松版第二版，第388—434页，中文参见第368—414页，先刚译，北京：人民出版社，2013年；以及《法哲学原理》，第139—140节，中文参见第142—160页。

不受任何法则的指导。那些声称已经采取了道德观点的人，他们的善良意志之所以能够避免这些要素的泛滥，仅仅在于它仍然无意识地被传统伦理原则支配，而如果他们的行为是一贯的话，这种伦理原则就不应再具有任何权威。他们根据固有的伦理信念来解释义务法则，然后欺骗自己相信它们是从法律中推理出来的，正像康德想象的那样，他从道德律令的准则中推论出应该尊重财产权这一义务。行为一致的道德之人不应受此蒙骗；他的行为其实完全被欲望决定，他们与享乐主义的不同仅仅在于他们具有某种伪善，即佯装自己的行为被义务法则规定。因而黑格尔得出结论说，单纯的道德意识就是激情的冲动，而道德自由与所伴随欲望的"经验"自由无法区分。

我认为黑格尔的读者都会从内心感觉到，他将这些对立面统一的论证是**绝妙的** (tour de force)。我没有必要检验或决定其有效性。我只想指出，黑格尔对柏拉图批评的论证未能区分两种不同的东西。当黑格尔说国家不同于城邦的地方在于它给予了"主体性要素"的权利或建立在"主体性自由"之上，他使用的这些术语的意思必定是我们发现的两种东西之一，而且它们在每种情况中的意思的确有很大差异：国家不同于城邦的地方被认为在于给予主体自由的空间以实施其未被规定的欲望之自由，或者保障其洞察所遵从的法律的理由。但是黑格尔没有澄清他的意思到底是哪一种。他在《**法哲学原理**》全书中使用"主体自由"之类的表达时，并没有意识到它们的模糊性。尽管我们可以确定这些术语出现的几乎所有场合，但确定它的意思要取决于所引用的语境。①

　　黑格尔认为，欲望的冲动和单纯"道德的"意志都没有达到他称之为伦理（Sittlichkeit）的真正道德，也没有获得其旨在实现的自由，因为它们都没有致力于法律的现实化。不过，无论是伦理还是通过法律的现实化而获得的自由，它们都得将主体意志作为其产生的源泉。"伦理的"东西**恰恰是**主体的意志，而且仅仅是对客观法则的主体意志。因而伦理的现实化不仅以主体意志为某种条件，还得有某种法律，它能够支配主体意志并在自愿行动中获得自身满足。单纯法律并没有这种能力，只有在现实中已经被制定并且得以实施的实证法律才有这种能力。因此，如果伦理是可能的话，现实国家的诸法律必须具有这样的本性：遵守它们的主体中无论是良心的自由还是自发的欲望都不与其颉颃。它们本身必须具有某种内在的合理性，经由启蒙判断的检审可以揭示但并不能穷尽，而且它们所规定的秩序对其所调控的欲望只能加以满足，而不能压制。黑格尔的形而上学确保现实法律具有这一本性，这一点我们留待下一章考察。这里仅仅指出一点：黑格尔未能区分包含在"主体意志"这一术语中的两种含义，从而使其伦理概念沾染上了某种模糊性。根据"主体意志"说的是道德意志还是欲望意志，伦理是作为主观意志对自在存在着的法律之现实化②，这一界定可以有两种解释选项。在

---

① 对此的证据和阐释，参见附录 E，第 101 页以下。

② "伦理性的东西是主观情绪，但又是自在地存在的法的情绪。"黑格尔：《法哲学原理》，第 141 节附释，中文版，第 162 页。

前者的意义上，伦理的现实化发生在道德主体认识到国家的法律是约束其良心的权威之时；在后者意义上，其现实化则是在满足需求的欲望（不是限制，而是）得到控制，从而对它的满足成为某种秩序的媒介之时，尽管主体并没有预料（intend）这一秩序。因而良心和欲望在某种恰当的法律框架得到满足时都能成为伦理的意志。但它们仍然是伦理现实化的两种替代性手段，而不是同一种手段。当道德主体确保国家法律拥有他之前归诸理性法则的那些对良心的要求时，他对国家的遵从满足的就是其理性或良心，而非欲望。当经济主体不受满足其需求的法则约束之时，得到满足的是他的欲望，而非其理性。这两种意志之间，即使它们都在国家中得到施展而且都可以成为伦理的，存在着这一差异（我们在文本的其他地方可以发现其具有的重大意义[①]）：前者的确借助对有待实现的目的之事先知识而意愿法则，而后者则不是。如果我们将法律的现实化当成目的，而将主体的满足当成实现的手段，那么显然只有道德之人才会将目的作为意图来实现。经济活动的确也是法律的现实化，但是经济主体的意图局限在对手段的满足和实现上。

  由于黑格尔没有区分"伦理"意志的这两种不同的含义，我们就不可能给出这一问题的明确答案：黑格尔这一术语的准确意义到底是哪一个？黑格尔首要是在前者的意义上使用的："伦理意志"是道德之人的意志，是他在超感官的宗教中徒劳寻找而在国家

[①] 本书第一章，第16页。

中找到的东西,而伦理就是主体所意愿的法律之现实化,主体将其作为目的加以实现。① 但是他经常不加提示地使用这些术语的其他含义。②

迄今为止我们只是考察了黑格尔的国家和柏拉图的城邦在自由这一问题上的差异。自由是对主体要素的满足,而这一满足在伦理中获得。如果我们将这一主体要素等同于柏拉图笔下灵魂的第三部分,城邦似乎并不允许这一要素的自由,因此在这种意义上就达不到伦理层次。如果我们将这一主体要素等同于灵魂的第一部分,法律之实现所需要的灵魂部分似乎并不在被统治者中,而在统治者中。伦理的获得在这里就不是通过公民履行法律,而只是通过统治者赋予法律这一活动。

目前,城邦貌似几乎完全缺少黑格尔视之为国家本质的东西。但是当黑格尔通过与康德或现代经验主义政治理论做对比而阐述国家的观念时,他又求助于古希腊城邦。他将柏拉图《理想国》中的城邦视为理想代表③,似乎它在所有社会形式中最接近国家本性。它与国家对立的地方并不是因为它未能实现伦理;相反,它跟国家一样也算是某种伦理形式。二者的区别仅在于,城邦实现的是"直接"伦理而国家实现的则是"中介的"或"绝对的伦理"。

---

① 尤其参见《法哲学原理》,第 142—157 节。
② 进一步参见本书附录 E,第 101 页以下。
③ 黑格尔:《法哲学原理》,序言,前揭;另参见本书附录 E,第 101 页以下。

伦理是某种主体活动的产物①，因而黑格尔使用这一对比，并不会让我们认为上面考察的那些批评可以完全代表其对柏拉图的评判。如果城邦中存在伦理的话，就必定存在某种主体要素的活动，因而就必然存在某种自由。因此我们有必要考察一下这一评判如何与城邦中没有给"主体自由"留出空间这一批评相调和。当我们想到柏拉图笔下的城邦否定的是灵魂第一和第三部分的满足，第二部分有权利享有主体要素之名，而它的满足也是某类自由，那么上述所说的调和就是可能的。由于城邦建立在灵魂第二部分的德性之上，所以它实现了伦理，也实现了自由，但是它无法提供对第一和第三部分的满足。如果黑格尔的意思是这样的，那么他对柏拉图的评判就是融贯的。为了让这一点更加清楚，我们有必要花费精力来看看一开始就排除在本章之外的东西，即第二阶层在城邦中的地位以及灵魂第二部分的德性。

柏拉图城邦中第二阶层所处的地位是模糊的。一方面，作为护卫阶层内部的分支，它本身相对于第三阶层而言是统治者阶层。它所服从的教育是为了统治技艺做准备，而由这一教育培养的勇敢德性，相对于智慧这一真正统治者所具有的德性而言，也是准备性或辅助性的。说它是准备性的，因为灵魂通过德性习惯而接受赋形是为了能够认出善的理念，但是这一理念只有在得到启蒙的理性中才能加以揭示。说它是辅助性的，因为从沉思退回到统治实践的哲学

---

① 参见《法哲学原理》，第 141 节，前揭，另参见本书第 89 页注释 1（中文版第 87 页注释 2）。

家需要"意气部分"的实践活动,后者通过立法将哲学家理论上把握到的理念加以落实。① 只要我们完全从其与第三阶层的关系中考察第二阶层,只要第四卷②的伦理教育相对于统治技艺而言只是预备性的,而且勇敢德性相对于智慧而言只是辅助性的,那么我们对城邦第二阶层和灵魂第二部分的考察就不会改变上文已经做出的关于城邦的评判。意气是主体性要素,因此护卫者在运用勇敢这一德性的时候就会有自由。但是护卫者的这一德性以及享有的自由,仅仅就他们是统治者而言。他们统治所朝向的那些人中并没有主体活动,因而他们之间的关系中也没有黑格尔所说的伦理这种东西。

另一方面,辅助者阶层本身服从他们之上的阶层。如果在这一关系上考察,勇敢这一独特德性自身就获得了某种价值,这种价值并不直接从作为智慧运用的预备或辅助派生而来。它本身就是严格意义上的"伦理德性"。

意气获得的勇敢这一德性③,它的职能是执行立法者的理性或形式。而这一执行并不是通过政治活动将其体现在城邦建制中;而是通过严格意义上的伦理活动将其赋予个人灵魂中的激情之上。第二阶层的成员并不是在理智把握理性的意义上实现它。他们并不能通过理性洞察正确的生活原则,而仅仅是由于相信统治者而接受来

---

① "……一个(理性)是谋虑决断的,一个(意气)是护卫战斗的,后者听命于统治者,凭借它的勇敢力求去完成前者的谋略?"《理想国》442b,中文版,第 201 页。
② 尤其是《理想国》429 以下。
③ 以下参见 429a-430c,439e-441d。

自他们的"正确信念"。不过这一正确信念不单纯是通过灵魂作为被动材料而服从于统治者的操作就能获得。如果辅助者的灵魂只是像耐热的蜡块被印上印记那样接受形式,这是不够的。灵魂中必须得有一种积极的努力,使其成为被赋形的主体,从而能够接受、保持(δισώξεσθαι)并维护形式以抵制内部解体的影响。这一努力的源泉就是意气,而实现它的力量就被柏拉图称为勇敢。①

如果勇敢这一德性被运用的可能性条件在于主体只需具有"正确的信念",而不是对其行为原则有清楚明白的把握,那么它在这一意义上最接近"道德勇敢",因而本身就具有了某种价值,而非仅仅作为获得智慧的预备。如果他不仅相信不体面比死亡更加可怕,而且还理解如何以及为什么会这样,那么他在抵抗生理恐惧的诱惑之时就不会表现出道德勇敢。知识将会消除他的诱惑,从而不会使用勇敢这一德性来克服它们。

无论怎样,有一点是非常重要的:就护卫者是被统治者而言,勇敢德性蕴含着(政治)被统治者实施的某种主体性活动;而且被统治者中这一德性的存在建立了他与统治者之间的关系,后者不可能具有这一德性。统治者与辅助者的关系并不像其与第三阶层的关

---

① 参见《理想国》429-430,尤其是429c处的惊人表达:"我所谓的勇敢,是指的一种保持和维护。"在回答"是一种什么样的保持和维护"的时候,苏格拉底说:"是对于一个信念的保持和维护;这个信念是在礼法的影响下由教育而获得,它说明怎样一些以及怎样性质的事物是属于可怖的事物。而所谓在任何情形下都保持和维护这个信念,我是指不论在痛苦中或是在快乐中或是在欲望中或是在恐惧中都忠实地保持和维护它而不背弃它。"以及参见《理想国》430,中文版,第176—177页。

系那样。后者是工匠与质料的关系,而前者则是教育者与学生的关系:学生的勇敢使其成为超出被赋形的材料的某种东西,从而使得二者的这一关系得以可能。

柏拉图城邦中,伦理是在第一与第二阶层的关系中现实化的。由于这一关系建立在后者的主体活动之上,后者在其服从过程中就具有了自由。城邦的被统治者没有自由,这一观点需要添加一个限制才是正确的,即这里所说的被统治者仅仅是第三阶层的成员。而如果我们认识到城邦也能实现某种伦理形式的话,上述观点就与之不符了。如果辅助者被视为城邦中的被统治者的话,黑格尔的批评就需要在限定意义上被理解。城邦并不缺乏所有自由,它们只是缺乏构成灵魂第一和第三部分德性的那两种自由。国家与城邦的臣民不同之处在于,前者除了后者包含的伦理德性之外,**要么**增加了洞察其所遵守的规则之自由,**要么**增加了满足其欲望的自由。国家的"绝对"伦理与城邦的"直接"伦理不同的地方在于,尽管在后者中正确的规则在行为中得到了实施,但前者中这种实施要么得到被统治者对其正确性的洞察之中介,要么得到他在不同选项之间选择之中介。"要么……要么"这样的表达为的是表明黑格尔思想里包含了旧的混淆:他没有区分两种主体性或者两种中介方式。

一方面,我们必须认识到这一结论,即黑格尔学说的所有部分都是用这两种"主体自由"(要么是其中之一要么全部)来替代柏拉图笔下护卫者的伦理德性,甚至表明了国家的职能就是通过实现前者而排除后者。后者没有前者的话就只是伦理的"直接"形式,但前者没有后者则根本不构成任何伦理形式。黑格尔对柏拉图的批评就在于认为他忽略了前半句。而黑格尔本人将其引入了自己的伦理理论，并且纠正了陷入非此即彼这种极端。黑格尔的伦理理论产生于对理性主义和经验主义这两种前辈学说的批评，因为这两种学说无视彼此并且享有一个共同的假设，即自由可以脱离固有的"精神（Ethos）"或"伦理"这一基础而实现。

这一"精神"，即柏拉图笔下护卫者的德性，是伦理现实化的主观条件；而理性法律的现存建制是其客观条件。在坚持这两种条件的相互依赖这一观点上，黑格尔复兴了亚里士多德这一原则的真理性，即法律要依靠精神来保证其实施。①

柏拉图笔下的护卫者所享有的自由，我们之前已经用"异教"自由这一名号加以区分，而这一名号可能会透露某种事实，即柏拉图笔下的公民阶层代表历史上古希腊城邦公民的实际情况。"自由"是成为某个古希腊城邦公民的条件，它的运用取决于某种阶层地位上的模糊性，就像柏拉图笔下的第二阶层那样，其地位既不能被规定为统治阶层，也不能被规定为被统治阶层。为了维持这一自由，历史上的城邦公民并不是自足的，因为它要依赖于两种凭自身活动无法提供的条件：首先要依赖奴隶阶层来满足他们的经济必需，其次要依赖立法者事先确定好政体。奴隶低于公民身份，而立法者高

---

① 亚里士多德：《政治学》，第二卷第 8 章，1269a20："ὁ γάρ νόμος ἰσχύν οὐδεμίαν ἔχει πρός τό πείθεσθαι ἀρά τό ἔθος（法律所以能见成效，全靠民众的服从，而遵守法律的习性须经长期的培养）."中文版参见第 82 页。

于公民身份;奴隶低于人性,而立法者是半神。两方面的依赖导致**城邦**的自由公民缺乏实施这两种自由的可能性,而它们则构成了**国家**成员的基本特征:他由于排除在经济活动之外从而缺乏满足其需求的自由,由于无法对规定其行为的秩序进行自己的判断而缺乏道德自由。①

但是如果像黑格尔那样认为柏拉图笔下的(不仅第二阶层,而是)整个城邦都只不过是对迅速沦为历史的社会形式的回顾性体现,它仅仅为了反对破坏性的原则而对之重新加固②,那么这就对《理想国》做了误判。它忽略了柏拉图本人所宣称为《理想国》中重大成就的内容③即统治者与被统治者职能上的区分,而且也没有看到柏拉图将第一和第三阶层纳入理想城邦中的重大意义。柏拉图的阶层学说超越古希腊城邦的本质之处在于,它将神性和奴性这两种活动作为不同组织的职能纳入城邦自身,而历史上希腊城邦则没有把握到这一点。这一"阶层社会",首先在柏拉图构想理想国很久之后才得

---

① 因而古希腊民主制中没有权威的立法机构。最重要的是,古希腊城邦和私人所有重大的主题都要靠神谕来决定,似乎它们不在习俗规定的范围之内,这一点就是缺乏道德自由的体现。黑格尔不断强调神谕在此关系中的重要性(比如《法哲学原理》,第279节,附释和补充)。苏格拉底是第一个在其自身发现神谕("神迹")的,因此预示了基督教的自由。

② 《法哲学原理》,序言,中文版,第10—11页;第185节附释,前揭,中文版,第199—200页;附录E,第101页以下。如果这一破坏性原则是苏格拉底发现的个人自我决定的原则,那么柏拉图远远没有拒绝它,而是将苏格拉底所在的整个阶层纳入其城邦。

③ 柏拉图:《蒂迈欧》,17C:"我们一开始便把农民以及其他手艺人和那些城邦的护卫者们分开。"谢文郁译,上海:上海人民出版社,2005年,第11—12页。

以实现①，它标志向着自由的重大迈进，从而超越了古希腊历史上无阶层的城邦。

黑格尔迫切要求的下一步，就是判断和经济满足这两种职能不仅应该通过（柏拉图笔下的）同一个国家的其他阶层加以发挥，而且还应该被同一个人加以运用，而这一个人在柏拉图笔下的城邦中是仅仅能够从事朴素伦理活动的护卫者。这一步结合了对法律（Right）的素朴服从和对理性或欲望的满足，从而首次构成"绝对伦理"和国家成员中的完美自由。

这一步包含阶层的取消以及古希腊无阶层国家的复兴。② 但是复兴并不是简单的回归。第一和第三阶层的取消现在并不是通过将其排除在国家之外，而是通过将其职能吸纳进第二阶层中。这一吸纳的结果就是，国家不同于城邦的地方不仅在于在其范围内的所有个体均享有平等的自由，而且还在于他们运用自由的质量：奴隶可以享有公民资格；而且由于将哲学家的判断和奴隶的经济活动包含在内从而扩展了公民的自由。

附录 D 柏拉图笔下的节制（Sophrosune）德性

节制德性似乎是一种主体要素的活动，它旨在表现主体对形式

---

① 我认为，这一实现是中世纪的重大成就。古希腊城邦不能容纳哲学家和奴隶，而中世纪则将精神性和大众作为两个等级纳入更大的共同体中。
② 现代国家诞生的历史运动既受到反叛封建制度的激发，也受到古希腊民主理念的鼓舞。

的积极接受，不同于质料基底那样只能被动接受。我倾向于认为这一观点有非常合理的地方，最起码我们借此可以区分节制和正义。如果是这样的话，似乎得修正一下我在第三章关于"直接伦理"的阐述，因为节制至少要求与勇敢平等地视为未经反思的伦理行为之德性，而且因为节制是所有阶层平等享有的一种德性，我们就不应将这种行为的可能性限制在某个阶层，它所在的阶层既非统治者，也非被统治者，而是占据二者之间的一个位置。

对此的回答是，如果柏拉图没有明确区分统治者和被统治者，他有可能将节制视为适用城邦所有成员的普遍德性。我们至今还未分析过的音乐教育（389d-403c）旨在产生这一德性（柏拉图在389d处肯定了这一点）。而柏拉图对这一教育的整个描述有一个明显的缺点，即我们并不能确定它到底是关于统治者还是被统治者的教育（389d处节制的 "主要部分""对于大多数人来说"；以及参见390a。但在其他的段落中它明显意味着音乐教育是对护卫者的教育，参见394e,395b,396a,b）。

只要城邦中统治者和被统治者分化成不同的阶层这一点是清楚明确的，节制德性以及培养它的音乐教育理应消失。节制在统治者灵魂中并不能找到位置，因为它通过对感性因素的教育而产生，而统治职能要求的恰恰是对这一因素的压制和消除，而不是对它的教育。它在被统治者灵魂中也找不到位置，因为欲望在挣钱中的满足是直接和自然的，并不需要也不允许对它的某种教育，充其量它只是受到技艺上的训练而已。总而言之，节制意味着灵魂中的感性因素可以受到教育，而阶层的划分又意味着它不可以。当不同阶层的区分变得越来越清楚的时候，柏拉图想要就此修正他的学说受到多大的限制，这一点可以很好地通过他在第三和第十卷中对诗艺（"音乐"教育的主要手段）的不同态度中得到说明。[①] 国家中阶层的不同划分与灵魂不同部分的划分关系密切。非常重要的是，柏拉图在第十卷明确将其关于模仿艺术工作的新见解归于灵魂三部分的创造性发现（参见 595a; 以及 602c 处开始的整个论证旨在表明模仿诉诸的是灵魂中的非理性部分）。

如果统治者和被统治者还没做出明确的区分，非反思的道德就可以体现为城邦所有成员的普遍德性。而只要二者得以区分，它就必须被专门归属给某一单独阶层的德性，这种阶层既不单纯是统治者，也不单纯是被统治者。这样我们便有同样的理由坚称，城邦"直接的伦理"既可以体现在勇敢德性中，也可以体现在节制德性中。如果我们将节制而非勇敢当成城邦"直接伦理"的例子来与黑格尔国家"绝对伦理"学说做对比，那么后者会得到更好的解释，因为节制并不是灵魂某一单独部分的德性，而是所有部分得以统一起来的纽带。只有一个人的位置既不能被规定为统治者也不能被规定为被统治者之时，他才可能是节制的。一旦做出统治者与被统治者这一区分（作为《理想国》做出的重大成就），这一素朴德性就不能

[①] 比如在第十卷中，以模仿为内容的诗作完全排除出城邦（595a）。第三卷中的论证是：因为模仿者与其所模仿的东西会变得相似，学生就必须限定在对善的模仿上；比如模仿就被认为是教育的某种手段，只要模仿的典范得到恰当地选择。

再次获得。正是黑格尔"伦理"理念在更高的自觉努力的层次上重新整合灵魂的原初统一,后者因为节制的丧失而分裂。国家的公民并不是要重新恢复这种**既非**统治者**也非**被统治者的地位(也不是由于命运而在两者之间轮换),而是要使其自身**既是**统治者**也是**被统治者。灵魂的纯真统一只有在统治者与被统治者二者未被区分之前才是可能的;而当二者做出了区分,灵魂就需要重新获得统一。二者之间就是城邦中公民的"直接伦理"与国家中公民的"中介了的伦理"的区别。

附录 E　黑格尔对柏拉图的批评,与其他关于"主体自由"的引用等;它们的模糊性

序言,第 10—11 页 [①]

> 我在后面提到,甚至柏拉图的理想国(已成为一个成语,指空虚理想而言)本质上也无非是对希腊伦理的本性的解释。柏拉图那时已意识到更深刻的原则正在突破而侵入希腊的伦理,这种原则还只能作为一种尚未实现的渴望,从而只能作为一种败坏的东西在希腊的伦理中直接出现。为谋对抗计,柏拉图不得不求助于这种渴望本身。但是这种援助必须来自

[①] 本附录中的页码均为《法哲学原理》中文版页码。

上面，于是柏拉图开始只能到希腊伦理的特殊外部形式中去寻找，他心想借助这种形式可以克服那种败坏的东西，殊不知这样做，他最沉重地损害了伦理深处的冲动，即自由的无限的人格。但是柏拉图理念中特殊的东西所绕着转的原则，正是当时迫在眉睫的世界变革所绕着转的枢轴，这就显出他的伟大天才。

第46节附释，第55页

柏拉图理想国的理念侵犯人格的权利，它以人格没有能力取得私有财产作为普遍原则。

[这里所说的没有满足的人格"权利"是什么呢？显然不是判断的权利，因为护卫者起码拥有这一权利，而且实际上通过放弃物质所有而获得了这一权利。那么大概率是满足欲望的权利。]

第121节，第124页

行为人的这个特殊性的环节之包含于行为中，并在其中得到实现，构成更具体意义上的主观自由，也就是在行为中找到他的满足的主体的法。

第 124 节附释,第 126—127 页

主体的特殊性求获自我满足的这种法,或者这样说也一样,主观自由的法,是划分古代和近代的转折点和中心点。这种法就他的无限性说表达于基督教中,并成为新世界形式的普遍而现实的原则。它的最初形态是爱、浪漫的东西、个人永久得救的目的等等,其次是道德和良心,再其次是其他各种形式。这些形式一部分在下文表现为市民社会的原则和政治制度的各个环节,而另一部分则出现于历史中,特别是艺术、科学和哲学的历史。

["行动人的特殊性"或"主体的特殊性"需要在行为中得到满足,很明显可以根据"特殊性"的意义而有两种解释。"特殊性"就是我们说的灵魂的主体要素;它可能同等包含柏拉图所说的"理性活动"和"欲望活动"在行为中得到满足。根据"特殊性"的两个规定,"行为得到满足"就会有两种不同的意涵。如果是在前者的意义上,"主体的特殊性"在行为中得到满足是因为它得到理性的认可;如果是在后者的意义上,它在行为中得到满足是因为这一行为是被欲求的。上引黑格尔的这两段话可以同时具有这两种解释;尤其是 124 节中"道德和良心"作为满足主体特殊性的行为类型,意味着他这里是在前者的意义上来理解"特殊性"。]

第 132 节，第 133 页

主观意志的法在于，凡是意志应该认为有效的东西，在它看来都是善的。

[毫无疑问，这里"主体的特殊性"指的是理性活动。]

第 136 节补充，第 139 页

人作为良心，已不再受特殊性的目的的束缚，所以这是更高的观点，是首次达到这种意识、这种在自身中深入的近代世界的观点。

[良心是道德主体的智慧；得到满足的"主体要素"仍然完全等于理性活动。类似的意义可比较第 317 节补充："现代世界的原则要求每一个人所应承认的东西，对他显示为某种有权得到承认的东西。"第 334 页]

第 140 节附释，第 147 页

自我意识的主观法，即认识行为在规定上是否绝对善的或恶的……

[再次,主体的权利(主观法)是理性得到满足的权利(法)。]

第182节,第197页

具体的人作为特殊的人本身就是目的;作为各种需要的整体以及自然必然性与任性的混合体来说,他是市民社会的一个原则。但是特殊的人在本质上是同另一些这种特殊性相关的,……

第182节补充,第197页

市民社会是在现代世界中形成的,现代世界第一次使理念的一切规定各得其所……

第185节附释,第199—200页

特殊性的独立发展(参阅第124节附释)是这样一个环节,即它在古代国家表现为这些国家所遭到的伤风败俗,以及它们衰亡的最后原因。……柏拉图在他的《理想国》中描绘了实体性的伦理生活的理想的美和真,但是在应付独立特殊性的原则(在他的时代,这一原则已侵入希腊伦理中)时,他只能做到这一点,即提出他的纯粹实体性的国家来同这个原则相对立,并把这个原则——无论它还在采取私有制(见第46节附释)和家

庭形式的最初萌芽状态中，或是在作为主观任性、选择等级等等的较高发展形式中——从实体性的国家中完全排除出去。正是这个缺陷使人们对他《理想国》的伟大的实体性的真理，发生误解，使他们把这个国家通常看成抽象思想的幻想，看成一般所惯称的理想。单个人独立的本身无限的人格这一原则，即主观自由的原则，以内在的形式在基督教中出现，而以外在的从而同抽象普遍性相结合的形式在罗马世界中出现，它在现实精神的那个纯粹实体性的形式中却没有得到应有的地位。这个原则在历史上较希腊世界为晚，同样，深入到这种程度的哲学反思也晚于希腊哲学的实体性的理念。

第185节补充，第200—201页

柏拉图的《理想国》要把特殊性排除出去，但这是徒然的，因为这种办法与解放特殊性的这种理念的无限权利相矛盾。主观性的权利连同自为存在的无限性，主要是在基督教中出现的，在赋予这种权利的同时，整体必须保持足够的力量，使特殊性与伦理性的统一得到调和。

第206节，第215页

等级，作为对自身成为客观的特殊性来说，一方面就这

样地按照概念而分为它的普遍差别;至于另一方面,个人应属于哪一特殊等级,却受到天赋才能、出生和环境等的影响,但是最后的和基本的决定因素还在于主观意见和特殊任性,它们在这一领域中具有它们的权利,它们的功绩和它们的尊严。所以,在这一领域中由于内在必然性而发生的一切,同时也以任性为中介的,并且对主观意识说来,具有他自己意志作品的形态。

第 206 节附释,第 215—216 页

就在这方面,关于特殊性和主观任性的原则,也显示出东方与西方之间以及古代与现代之间政治生活的差别。在前者,整体之分为等级,是自动地客观地发生的,因为这种区分自身是合乎理性的。但是主观特殊性的原则并没有同时得到它应有的权利,因为,例如个人之分属于各等级是听凭统治者来决定的,像在柏拉图的《理想国》中那样(柏拉图:《理想国》,第 3 篇),或听凭纯粹出生的事实来决定的,像在印度的种姓制度中那样。所以主观特殊性既没有被接纳在整体的组织中,也并未在整体中得到协调。因此,它就表现为敌对的原则,表现为对社会秩序的腐蚀(见第 185 节附释),因为作为本质的环节,它无论如何要显露出来的;或者它颠覆社会秩序,像在古希腊各国和罗马共和国所发生的,或

者，如果社会秩序作为一种权力或者好比宗教权威而仍然保持着，那它就成为一种内部腐化和完全蜕化，在某种程度上像斯巴达人的情形，而现在十足像印度人的情形那样。但是，如果主观特殊性被维持在客观秩序中并适合于客观秩序，同时其权利也得到承认，那么，它就成为使整个市民社会变得富有生气、使思维活动、功绩和尊严的发展变得生动活泼的一个原则了。如果人们承认在市民社会和国家中一切都由于理性而必然发生，同时也以任性为中介，并且承认这种法，那么人们对于通常所称的自由，也就作出更详密的规定了（第121节）。

[类似的意思还可参见第262节及其附释。]

第299节附释，第317页

在柏拉图的理想国中，首脑人物把个人划分为不同的等级，并委以特殊的职责（参阅第185节附释）。在封建君主国中，藩臣既必须担负不固定的劳务，也必须根据自己的特点担负固定的劳务，例如审判等等。在东方和埃及为进行巨大工程等等而尽的义务，也有特殊的质等等。在所有这些情况下，都缺乏主观自由的原则——个人的实体性活动（它在这些劳动中按内容来说本身就是某种特殊的东西），应该由个人的特殊意志来选择。主观自由的原则是一种权利，这种权利只有以普遍价值的形式来履行义务时才能实现。这也是引起这种转化的原因。

[比较《法哲学原理》附录中引用更早的一组段落（第121节，第124节附释，第132节，第136补充，第140附释）和上引这一组（第182节及补充，第185节附释及补充，第206节及附释，第299节附释）①，有两件事情是很明确的：

（i）黑格尔并没有意识到，他在上述两组段落中阐述了不同的学说（所以他在阐述第206节的内容时援引第121节和第120节附释以寻求确证）。这两组学说共同之处在于，国家施加于主体的法必须得通过主体某种（特殊性）活动才能现实化。我们可以将这一点与之前讨论的两种含义相结合。它可能意味着，国家中法律的现实化不同于（a）（根据亚里士多德的学说）构成自然物生成的普遍之物之现实化；（b）构成技艺对象生产之形式的现实化。前者中，活动完全产生于形式；后者中，活动产生于工匠，因为他被形式概念支配。但这两种活动都不产生于赋形所朝向的基底或主体材料。

主体在法律现实化中的活动被黑格尔称为"主体自由"，而且他

---

① 前引《法哲学原理》第46节附释也属于这一组；引用序言的内容不足以确定属于哪一组。

视之为现代国家的典型特征。他使用的其他表达（在这两组段落中）非常适合表达同样的意义。主体活动被称为"行为人的这个特殊性的环节之包含于行为中"（《法哲学原理》第 121 节；参见第 185 节附释及补充，第 206 节），这是恰切的，因为"主体要素"就是特殊的要素（第三章，第 73 页以下）。而且黑格尔说这一活动是"对个体的满足"，以及否定它就意味着侵犯"个人权利"，这些都是可以理解的。但是——

(ii) 所有这些术语——"主体要素""个体""主体的特殊性"——都是模糊的。如果我们现在将其还原为柏拉图心理学的术语，很明显，"主体性要素"指的是灵魂要素的**整体**，而不是它的形式，亦即它意味着构成"灵魂三部分"的理性、意气和欲望中的所有或任何一个，而不是三重组织之形式。如果我们暂时不管意气这一部分，理性和欲望（τό επιθυμητικον）这两部分都有其现代的对应（起码在黑格尔这里），它们分别是良心和欲望。"主体性要素"这一术语可以用来指这两种之一。我之所以从事实现法律的活动，无论是因为我将之判断为责任之要求，还是因为我被追求利益所牵引；这两种情况下行动都起源于作为主体的我，而且我作为个体的"主体自由"都在这一行为中得到了满足。尽管如此，区分这两种"主体要素"的活动还是极其重要的。被良心命令的行为和被欲望刺激的行为可能都属于自由意志的行为，但它们实现的并不是同一种自由，而是两种不同的自由选项，甚至初看起来还是互斥的选项。

黑格尔本人并没有做出这种区分。他用"主体的特殊性"之类不明确的表达，似乎表明它们已经得到充分规定。在超出一般性措辞的每一个段落，我们都有必要将两种可能意义的选项之一赋予这些表达；而且它们往往并不具有相同的意义，只有在每个给定例子的语境中才能确定到底是哪一种意义。

我在前文区分的前一组段落①中，"主体性要素"指的是良心，或道德意志，或朝向普遍的意志。"伦理"就是在意志行动中对于实证法的现实化。如果我们将全部实在区分为被意愿的法律和意愿法律的意志，"主体性要素"就是后者。康德的道德学说中，自我分为道德意志和自然激情这两种要素。如果按照康德的这一区分，黑格尔这些段落中的"主体性要素"就完全等于前者。

而在后一组段落②中，"主体性要素"指的根本不是对普遍的意愿；它指的是自然意志，或者说朝向特殊的意志。这一意志所体现的"人格"，被表述为"作为各种需要的整体以及自然必然性与任性的混合体"（《法哲学原理》第182节，第197页）。他的自由只有在"特殊任性（besondere Willkür）"的行动中才能得到确保。而且黑格尔实际上给出了关于自由的定义："在市民社会和国家中一切都由于理性而必然发生，同时也以**任性**为中介"（第206节，第216

---

① 本书中文版第107页所提及的第121节、第124节附释、第132节、第136节补充、第140附释。——译者注
② 本书中文版第107页所提及的第182节补充、第185节附释及补充、第206节及附释、第299节附释。——译者注

页)。但是这一"任性"、对单纯特殊之物的意愿,与道德意志(第一组段落中"主体要素"的含义)之间的差异如此之大以至于二者是互斥的。它被称为"特殊意志"(参见第 288 节附释),既表明其是特殊主体的意志,也表明其是对某个特殊对象的意志。

黑格尔在《**法哲学原理**》中并没有将这些术语出现其中的段落明确分成两组,就像我将选择的内容安排成的那样。不过很显然,前一意义在"道德"那部分(第 105—141 节)的段落中占主导,而后一意义则在"市民社会"部分(第 182—256 节)的段落中占主导。对于这两种由于语境单一的限制而含义被混用的段落,参见第 148—149 节,以及可能还有第 260 节及附释、第 261 节及附释。]

IV

法律作为国家中自由的条件

古代城邦已经确定下来的伦理性情（disposition）构成了公民德性。它与"道德"意志或欲望冲动结合在一起就成为"伦理的"。这种伦理性情反过来由于这种结合而被添加上了"主体自由"从而得到了进一步完善。

黑格尔将这两种结合的产物不加区别地称为"伦理意志"，但我们需要用两个术语来区分他混而为一的东西。我之后用"伦理"意志指这种（素朴的）伦理倾向与道德洞察的结合，而用"经济"意志指其与欲望的结合。我通过类似的方式区分"伦理"自由和"经济"自由，分别指国家伦理中道德获得的满足和欲望得到的满足。①

---

① 判断一个术语选择是否适用，最好的证明就是表明它是方便而且避免模糊的，但是初看起来黑格尔用"伦理（Sittlichkeit）"（sittlich 这个词的直接翻译就是"ethical"，黑格尔用其涵盖两种活动）来指两类活动中的一种，这似乎是一个不幸的选择。实际上，黑格尔大多数情况下用"sittlich"来指我称为"ethical"的那个词。他与其说是混淆了两者，倒不如说是将这个词的含义扩展到了并不适合它的某类（"经济的"）行为上。（转下页）

111　　　现在我们要考察的是这两种结合得以可能的条件是什么。换言之，我们要考察什么样的可能性条件使得国家主体（而不是城邦被统治者或臣民）得以自由，无论是在伦理自由还是在经济自由的意义上。

城邦被统治者的德性依赖于礼法（Nomos），国家主体的德性则依赖于法律或规律（Law）。为了发现专属于后者的那种自由之条件，我们必须探讨一下那些使国家法律区分于城邦礼法的特征。

在柏拉图与黑格尔之间的两千多年，不仅政治哲学上发生了革命，而且其他各个思想领域都发生了革命。为了理解这一革命，我们最起码有必要首先理解柏拉图和黑格尔之间的整个哲学史，而这个任务很明显超出了本书的计划，从而会让人产生一个荒唐的观点：中间的阶段可以被忽略。但我们在这里可以简短地指出这一阶段所产生的某些结果。

我认为对这一革命的本质的最佳表述是：形式作为理性原则和世界秩序的观念被法律或规律（Law）观念取代了。形式和法律都可以被说成是"普遍的"，因此我们很容易忽略二者之间的重大差异。比如（为了解释在自然科学这一领域的差异）我们将任何特殊物体

（接上页）在我之后使用的意义上，"伦理的"意志当然必须区分于素朴的伦理意志，后者是古代城邦公民的特征；而此处的语境已经足以排除这一模糊性。

现在引入的这种区分与上一章提到的道德意志与欲望、"道德自由"与"欲望自由"的区分（前文第 86 页），二者的关系在于伦理和经济的意志相应地是道德意志和欲望，就它们在伦理的条件下得到满足而言；伦理和经济自由无非是在国家中"道德"和欲望的"自由"之满足，没有国家的话这些自由就是虚幻的。

看作服从于无数规律的作用。它的位置和重量被重力规律规定，运动被动力规律规定，温度被热力规律规定，物体的"表面"现象被光学规律规定。所有这些与特殊对象相关联的规律都是普遍的，因为它们的作用并不专属于某个对象，而是同等适用于所有其他物质对象。这就是作为规律的普遍。我们将自然看成是规律的领域就是将其视为诸如此类的规律构成的相关系统。

但是我们完全有可能以其他方式来设想特殊对象的普遍。我们可以将其看作特殊之物所归属的种类。在这种意义上，"桌子"是"这张桌子"的普遍之物，"石头"是"这块石头"的普遍之物，"狗"是这只菲多的普遍之物。在这种意义上，任何具体的普遍名词就都是普遍的，因为它不只适用于某一个特殊之物，而是适用于所有此类的特殊物。特殊之物被归摄在用来指称其种类的普遍之下，而这一普遍自身还能够进一步归摄在更高的普遍之下，就像种归摄在属之下，这个属又归摄到更高的属之下，这样就一直上升到**最高的属**（summum genus）为止。这就是作为形式的普遍。它将自然设想为形式的领域而不是法则的领域。形式的领域是等级的或建筑术的，其中最普遍的理念通过不断的差异分化而规定自身，直到多样的**最低种**（infimae species）。根据前一观念，个体是法则的相遇之地；根据后者它则是形式的具体体现。

我刚才提到的那一革命就发生在前面这些观念被后者取代之时。人们开始在自然的普遍规律中寻找理性原则，而不是种属形式。现代自然科学就出现在这一革命所发生的中世纪行将结束之时。

类似的革命也发生在自然科学以外的其他领域。在伦理学中，作为行动原则的至高形式或"建筑目的"让位于道德律这一观念。在政治哲学中，作为人类社会之秩序原则的礼法或理性形式①被法律观念或黑格尔所说的"法则（Gesetz）"②取代。

　　两种"主体自由"在主体中实现的条件都在于作为"Gesetz"的法律与"礼法"所不同的特征中。这些特征首先是对于主体理性而言的客观性（objectivity），其次是其适用的一般性（generality）。这些是使其区分于习俗的特征（而礼法从来不能与习俗相区分），因为习俗可以在主体对之无自觉把握的情况下运作，不仅规定了人们行为的一般本性而且还规定了具体的细节。

　　为了尽可能突出法律的这两个特征，我将首先通过一个非黑格尔的法律观念来解释它们。这个观念尽管是非黑格尔的，但离柏拉图更远，从而以更加清晰也更加原始的方式展现这两个特征。我指的是法律的本质被视为命令（command）这一（经验主义）观念。③

　　这一学说意味着，法的本质包含其**实定性**（positive），亦即它作为法律的特征恰恰在于那些不能被思辨理性所把握的要素。④因而它

---

① νόμος τε καί λόγος（礼法和理性），《理想国》，587c。
② 无需赘述，我的意思并不是说，法律在自然科学、伦理学和政治哲学这三个领域具有相同的意义，而只是说在这三个领域中它都与形式对立。
③ "所谓法律是有权管辖[命令]他人的人所说的话。"《利维坦》，第15章，中文版，第122页。
④ 我在这一意义上使用"实定的"一词。

就与作为礼法的法律观念相对立，因为礼法的本质就在于其所蕴含的理性原则（Logos）。后者之所以具有权威性就在于这一点，而且这一原则对思辨理性完全透明（可被理性把握）。对理性而言不透明的（不被理性所把握的）只是历史中现实化的偶然性，它构成了不可避免的缺陷，而不是其权威性的根据。① 但是对霍布斯（再次作为相反观点的代表）而言，只要一个原则仅仅是纯粹理性的原则，那么它就在规定行为方面缺乏权威性。这些"理性的规定人们一向称之为法（所谓的自然法），但却是不恰当的"，因为它们是从理性原则中逻辑推导出来的；"它们只不过是有关哪些事务有助于人们的自我保全和自卫的结论或**法则**而已"。霍布斯还补充说："我们如果认为这些法则是以有权支配万事万物的上帝的话宣布的，那么它们也就可以恰当地被称为法。"② 亦即，这些法则之所以可以构成法，并不是因其理性，而是因其命令性；而且使其对所命令的主体意志具有强制性和约束力的就在于它们源于命令者的意志（而非理性）。

一个命令既展示出法律相对于主体的客观性，也展示出其区别于礼法的一般性或抽象性。

（i）客观性意味着法律是理论认知的对象，而且命令的独特性在于被命令者对它的理解构成了其被实施的本质条件。这一点绝不适用于习俗，因为被规定的主体可以在对其没有自觉意识的情况下

---

① 由于这一不透明，被统治者只能拥有正义之名（ὀρθή δόξα）。
② 《利维坦》，第 15 章，中文版，第 122 页。——译者注

被习俗规定。尽管之后他可以获得这一见解,但是由于该行为可以在没有这种见解的情况下照样运行,那么我们可以正确地说,这一见解是附带的,而不是行为在习俗中实施的**必要条件**。相反,只有当被命令者像命令者那样理解了某个命令,这个命令才能规定其行为。因而命令的本质就包含:它预设了某个服从它的人起码得有某种理解活动。

(ii) 命令的另外一个特征就是,它总是一般或抽象的。换言之,它从来不能完全掌握行为实施的全部细节。礼法由习惯(ἐθισμός)赋予,并在被统治者中产生了某种服从的性情(ἕξις),从而可以规定行为的任何特殊细节。不仅仅行为的内容,而且行为的风格和方式也能回溯到产生它的传统之中;就像艺术家的工作那样,它对其所属学派的体现不仅在于设计的一般概念,而且还在于实施的标志性细节。但是在命令所规定的行为中,命令内容的本质与执行命令微不足道的细节之间往往有巨大的鸿沟。后者从来不能被命令规定,无论该命令多么具体。比如我被命令挖一个花园或其中的一块地。无论该命令还是我遵守它的意愿都不能详细规定我拿铁锹的姿势以及放土块的具体地方。如果我的行为从初始到具体细节都被规定的话,那么我甚至连奴隶都算不上,而只能算是工具或机器;这样主人和奴隶以及命令者与被命令者这样的关系便被使用者与工具的关系取代。①

---

① 古希腊人从来没有意识到奴隶和工具的区别。参见亚里士多德:《尼可马可伦理学》,1161b。中译文参见廖申白译,北京:商务印书馆,2009 年:"对于一匹马或一头牛,对作为奴隶的奴隶也是这样。"本章所刻画的整个政治哲学的进步就在于认识到,自由与服从命令是兼容的。而古希腊人则没有意识到这一点。

因此命令的满足，要求被命令者具有某种在实施它的过程中决定那些具体细节的主动性（initiative），而命令并不能决定这种主动性。显然，这一主动性非常不同于上文所述的那种主体遵守命令的意志决断，因为决断的内容都是命令所规定的。那里是某种服从命令之规定的意志，而这里则是满足命令未规定内容的意志。那里类似于黑格尔的伦理意志，而这里类似于经济意志，而且我已经尝试表明它的实施与法律具有的一般性或抽象性相关。

黑格尔宣称本人的政治哲学与众不同之处在于：它建立在个人"主体自由"基础上。而且无论在哪种意义上说主体自由，命令展现出来的客观性和一般性都要求其具有实定性。我们需要探讨一下黑格尔是否以及何种意义上认识到了法律的实定性。黑格尔的法律学说是否超越了柏拉图，就像其自由学说那样？

黑格尔不会跟随霍布斯到这种程度以至于宣称法律的本质中包含实定性。他的思想深深植根于理性主义传统，从而导致他不能接受这一结论：法律中有某种无法被思辨理智把握的东西，这种东西既不是由于法律应用的特殊情境，也不是由于历史具体体现的时间偶然性导致的，法律的本性中恰恰就包含这种东西。[①]"法哲学"的可能性就在于它预设了法律体系和国家政体的主要方面能够按照理性必然性从存在（Being）的本性中演绎出来。"法哲学"在黑格尔体

[①] 黑格尔对此观点的拒斥非常著名，参见《法哲学原理》，序言，中文第 11 页："最关紧要的是，在有时间性的瞬即消逝的假象中，去认识内在的实体和现在事物中的永久东西。"

系中属于精神哲学,而后者只不过是思辨理性所经历的第三或最后阶段而已。思辨理性从逻辑学中最简单的概念开始,自身被辩证法的必然性所驱使从而发展到精神哲学这一最后阶段。黑格尔从未怀疑过,形而上学演绎有能力让法律被哲学家的理性理解,同样也有能力对道德主体的意志构成约束。①

上述理论完全是柏拉图式的。对柏拉图而言,城邦的正义本性必须从存在的本性中派生而来,而这一派生的过程也被其称为辩证法(Dialectic)。

在黑格尔看来,对法律的哲学演绎并不能扩展到对其一般轮廓的细化上去。②进一步的特殊化对于法律在无论哪个个别国家中的具体体现而言是必要的,但它并不是哲学理解的对象,而是历史理解的对象。③黑格尔着重拒斥了这一观念:对现实法律如何起源的历史研究可以取代上述形而上学演绎④,或者说光是这一研究揭示的历史必然性就可以充当哲学沉思揭示的形而上学必然性从而成为道德权威的根据。⑤

当我们说法律的实定性,指的是它不能被思辨理性掌握。因此黑格尔拒绝将这一点归属于法律的本质,而是将其限定在历史现实

---

① 尤其参见《法哲学原理》,第142—148节;本书124页注释1(中文版124页注释1)。
② 我们可以想象,这一演绎所达到的细化程度就是黑格尔在《法哲学原理》中所进行的那样。参见《法哲学原理》,第3节附释。
③ 它是"实定法学"的对象,是"纯粹历史的努力",参见《法哲学原理》,第3节。
④《法哲学原理》,第212节附释,第258页,以及本书第196页。
⑤ 同上书,第3节,以及参见第148节附释。

化的偶然性上。这些实定法规尽管不能被理性把握，但毕竟具有某种历史必然性；对它们的研究虽然不是哲学，起码也能称为一门科学。这种**一切**理性都无法把握的要素，黑格尔称之为"法律的纯粹实定性要素"，它仅仅在之后的阶段出现，即在执法中或将法律运用到个案中。① 在运用过程中普遍化的法律必须要特殊化，因此必须进入"不是由概念规定的量的东西的领域"。② 对于其应用的具体细节，主体不能诉诸理性，而必须让自己的意志服从另一个意志的裁决。③

"概念"的规定无法达到具体细节的领域；但缺乏概念规定的特殊之物也不是完全无法规定的，它可以理解为历史原因的产物。这两方面有可能让我们讨论一下黑格尔和柏拉图理论的重大差异。尽管我希望在展示二者差异的同时也注意到其相同之处。他们共同之处在于，二者都否认对于法律本质而言存在思辨理性无法把握的要素，以及都否认法律的本质可以脱离具体体现的偶然性和执行的细节而被把握。

尽管黑格尔否认法律的本质中包含实定性，但他却坚持其中包含"被设定（posited）"。德语中法律（Gesetz）与设定（setzen）具

---

① 《法哲学原理》，第 214 节附释，第 222—223 页："法律的**纯粹实定性**主要就在于把普遍物不仅对准特殊物，而且对准个别事物予以直接适用。"

② 《法哲学原理》，第 214 节，第 222 页。

③ 如果一个人犯了罪，对他惩罚的具体细节必须得做出规定，但却无法通过理性原则而加以规定。如果他被罚了四十杖，没有合理的理由表明对于他的罪行而言四十一杖太多和三十九杖太少。这时就得有法官决定，犯人只能无理由服从。见《法哲学原理》，第 214 节附释。

有词源上的亲缘性，黑格尔以此来强调二者具有实在关联上的意义。① 如何理解"设定"活动呢？法律一旦被赋予**实定性**，就必然被认为是意志活动的产物，那么如何可能在不被赋予实定性的情况下将其理解为设定活动的产物呢？对黑格尔而言，"设定"与其说是编纂法律，倒不如说是确立法律。通过这一行为，以习惯法形式对民众有效的"权利（法，Rechts）"被表述为主体可理解的公共规则体系，因而他们的服从不再建立在未经反思的习俗之上，而是建立在正当的认同之上。② 换言之，黑格尔所理解的"设定"并不是意志行为，而是思想行为（它是律师，而不是立法者的任务）③，因而它并没有赋予其产物某种不能被思维所把握的要素。这样，黑格尔的法律学说便在两个方面不同于柏拉图的。

（i）他将法律视为"设定"活动的产物，但并没有为其本性赋予某种不能被思辨理性所把握的要素；

（ii）他将思辨理性的能力限定在制定法律上，而让其不能规定法律现实化的具体细节。

这就恰恰赋予了法律（i）客观性和（ii）一般性这两个特征。它们成为主体自由的条件，无论是两种自由意义上的哪一个。

---

① 《法哲学原理》，第 211 节。
② 《法哲学原理》，第 211 节；参见第 215 节，第 224 节。
③ 参考他在《法哲学原理》第 211 节附释中的话："把某物设定为普遍物……这就是思维。"中文版，第 218 页。整体而言，黑格尔赋予法律的被设定性恰恰是罗马法不同于希腊法的特征。黑格尔法律学说的成就和不足总结起来就是，他吸收了罗马法的观念，但没有吸收犹太法的观念。参见本书第 135 页以下。

（i）主体伦理自由的权利得到满足的条件在于，法律应该被"设定"比如**公布于众**①，或将其设定为相对于主体的客观**法律体系**（corpus juris）。这一法律体系与正义城邦的礼法一样，是理性原则的必然发展；但它具有的客观性又使其不同于礼法，它不能直接规定主体的行为。法律只有被主体认识到其中蕴含的合理性，它才能在主体行动中被实施，这样主体的意志就被这一认识规定。而这种行为就是（伦理的）自由。

（ii）主体经济自由的权利得到保证的条件在于，理性不能规定法律被实施的具体细节。

为方便起见，我们下面将分别考察法律的客观性和一般性这两个特征以及它们如何分别作为主体自由的条件。

I

黑格尔与柏拉图一样，认为正义城邦的法则至少在主要轮廓上被逻辑过程规定，而且他还用柏拉图的辩证法这个词来指涉这一过程。但二人的辩证法有一个差别，这种形而上学上的差异构成了二者政治哲学差异的根据，从而导致黑格尔将伦理自由赋予国家主

---

① 《法哲学原理》，第 211 节；第 349 节和第 132 节附释。只有当法律被实施的过程也被公众知晓，这一公布于众才能得到充分的保障（第 224 节，228 节）。后文还会提到（第五章，第 168 页以下），类似的公共性必须从司法领域拓展到真正的政治领域，即从执法过程到立法和修正法的过程。

体，而柏拉图并没有这样做。

这一差异在于：对柏拉图而言，存在或理念的本质作为哲学理解的对象，本身是不变和没有过程的。辩证法的整个过程①完全被这位哲学家掌握。正是他从批评和否定（αναιρούν）②对存在不恰当的定义或前提（ὑποθέσεις）发展到被把握到③的绝对**存在**（ὄνγως ὄν）的第一原则；也是他从相反的方向下降到对之前所抛弃立场的重新肯定——不再是绝对的而是有限制的存在以及对其有限制的理解④；也是他一旦开启了下降之路，就必须要走到最后一步，即理念从种差最后发展到个别体现。他走的这最后一步与其说是理论活动，倒不如说是实践活动，靠的是他的立法能力而不是理解能力，因为理论理解不能从特殊下降到个别。下降过程的最后一步就是国家的建立。

否定和设定⑤这两种活动同样也是黑格尔辩证法的起源，但它们及从其中产生的过程对黑格尔而言并不局限在哲学家的思想之中，而是内在于作为对象的存在和理念自身。⑥毫无疑问，黑格尔会在思想中追溯理念发展的不同阶段，哲学的全部事业就是致力于此。但

---

① 下面内容参见《理想国》，511。
② 参见《理想国》，533c。
③ τό παντελώς ὄν παντελώς.
④ νοητών ὄντων μετά ἀρχής.
⑤ 扬弃（Aufheben）和设定（Setzen）相当于 ἀναιρείν 和 τιθέναι。
⑥ 黑格尔（"绝对理念"）与柏拉图笔下的理念，相同之处在于它们都是永恒的（因为过程是无时间的），不同之处在于前者是动态的，而后者则是静态的。

他不会赋予其追随的过程以太多重要性，也不会认为理念要依赖于哲学家理论洞见的共同努力才能发展出自身的意涵。① 甚至为了从理念存在走到实际存在这最后一步（就像现实国家的法律那样），立法者不需要与哲学家合作就能完成这一实践活动。② 从理想到现实的那一阶段只是理念自身发展过程中的一个后来阶段，这个后来阶段本来就蕴含在之前的阶段中。国家法律具有的客观性只不过是肯定或"**设定**"（positing or thesis）活动的结果，而这一活动的整个辩证过程同样也发生在逻辑学领域。

　　黑格尔和柏拉图学说的上述不同尤其与我们此处的目的相关，因为它给了**此世现存**的国家某种存在的地位，而这种存在柏拉图一贯留给"天上的"理念。③ 对柏拉图而言，立法者为理念额外添加了现实性或尘世体现，这一活动只能减损其存在的完美性。尘世国家作为这一体现的产物，不能算是完美知识的可能对象或者说智慧德性被运用其上的对象。这种尘世国家只能呈现在被统治者的意识中。柏拉图这一形而上学理论就成为他政治理论④ 的基础。正如前文

---

① 《法哲学原理》，第 31 节附释，中文版，第 39 页："理念的这种发展是它的理性特有的活动，作为主观东西的思维只是袖手旁观，它不加上任何东西。"
② 《哲学科学百科全书Ⅰ 逻辑学》（《小逻辑》），第 6 节说明［译者注：原注标明出处为第 5 节，疑误］，中文版，第 33 页："哲学科学只探讨理念，而理念并不是某种软弱到仅仅应当存在而非现实地存在的东西。"中译本参见先刚译，北京：人民出版社，2023 年。
③ 尽管他发现很难在这一点上保持一贯，参见本书第一章，前文第 27 页。
④ 参见本书第一章，第 28 节；第二章，前文第 43 页。

所述，城邦的被统治者不能运用智慧。被统治者必须以具体标准为行为指导，而它们并不是理性的真正对象，至多算是"正确信念"的对象；只有统治者，才能以理性所把握的内在标准作为行动指导，从而产生国家理念的具体化。

但对黑格尔而言，国家在尘世的现实化并不意味着理念与异己要素的混合，而只不过是理念本身的发展，因此尘世国家就拥有与柏拉图赋予理念同等的存在地位。主体（尘世国家的成员）将尘世国家作为知识对象并运用智慧或最高的认识类型来认识它，而这种智慧在柏拉图看来是留给哲学家的。① 换言之，黑格尔认为理念本质上是辩证的，正是这一点使其能够赋予主体（被统治者）以某种自由，而柏拉图将这种自由局限在了统治者内部。

当然，主体的智慧或洞见**并不是**伦理自由，而只是实现它的条件。它只是理论活动，而伦理自由是意志德性。它只是在认知的

---

① 这一点特别参见《法哲学原理》第142—148节，如果我们保守地说，黑格尔关于主体所说的一切都是柏拉图用来刻画统治者的，这一想法就完全是柏拉图式的。柏拉图关于知识和存在的关联，参见第146节，中文版，第165—166页："实体在它这种现实的自我意识中认识自己，从而就是**认识**的客体。伦理性的实体，它的法律和权力，一方面作为对象，对主体说来都是**存在的**，而且是独立地——从独立这一词的最高涵义来说——存在着……"而且黑格尔在下一节就说到："另一方面，伦理性的实体，它的法律和权力，对主体说来，不是一种陌生的东西，相反地，主体的精神证明它们是它特有的本质。在这种本质中主体感觉到自己的价值，而且像在自己的、同自己没有区别的要素中一样地生活着。这是一种甚至比信仰和信任更其同一的直接关系。"我们可以听到柏拉图理论的最清晰的回声，即哲学家"爱其所知道的东西"（参见《理想国》，376a），因为作为知识对象的理性与灵魂中追求它的理性是亲近的。

意义上意识到了法律，但法律还需要通过实践而得以实施。法律具有的这种客观性使其成为理论理性的真正对象，但不能成为意愿行动的决定性因素。因此，为了克服这一客观性，主体就还需要另外一种活动。如果法律被规定为客观性，那么这一客观性得以被克服就需要以自由**行动**为条件。为了达致这一目的，理论理解之上必须添加主体的某种积极回应，通过它客观法律得以被接受而且在精神上被消化，从而不再仅仅是某种与主体相对立的客观之物，因而成为从其自身行动中产生的原则。对黑格尔而言，这种添加的积极回应就是道德本质中的实践要素，而且它使得外铄之物、与思维主体对立之物变成内生之物，即使得客观之物变成主观之物，而这就是意志为将法律现实化为伦理而做出的必不可少的贡献。

亚里士多德也将某种类似的转变视为伦理教育过程的目的。在教育过程一开始，受教育者的行为必须像学生一样受到外在权威的规定。只有当他将确定规范的原则吸纳进自己的灵魂中，从而能够通过内在的活力而非外在的命令来指导其行为之时，受教育者才获得了伦理德性。这种相似性并非完全偶然。在亚里士多德看来，习得的性情（Hexis）是德性行动的内在起源，同时也是法律现实化的必要条件[①]，这一点非常类似于黑格尔的伦理意志。二者不同之处在于，习得的性情并没有在法律的理性必然性之上预设或添加对它的

---

① 参见本书第三章，第 96 页注释 1（中文版第 94 页注释 1）。

洞察。在亚里士多德的体系中，法律对于尚无责任能力的学生具有外在性，不是因为它要成为理论认识的客观性目标这一点，而是依赖于这一事实：其原则仅仅内化于导师或统治者的灵魂中，而没有内化于学生的灵魂中。黑格尔的伦理学说类似于亚里士多德的伦理学加上康德的道德学说。这种类比更加接近实情。理性洞见，被亚里士多德排除在伦理德性之外，但却几乎是康德所说道德性的全部内容。我这里说"几乎"，而不是完全，是因为即使对康德而言，道德律要在行动中得以实施的话，除了对其的理性直观之外，还需要添加上某种"敬重"感。黑格尔的伦理意志就是将在康德的"敬重"中识别出来的萌芽发展成某种更加接近亚里士多德"性情"的东西。

　　关于伦理意志这一观念有两件事情需要注意。首先，像任何思维对象一样，法律是普遍的；而且伦理意志的本性就在于它应该**意愿普遍之物**。换言之，为了能够进入伦理层次，它就必须提升自身从而超越自然条件，即从朝向特殊对象提升到按其本性只能朝向普遍之物的思维层次。[①] 这一提升或"转变"的过程就是道德教育的过程，其本质就在于意志服从思维规训。亦即，意志如果在成为伦理的过程中变得完满，它自身就必须放弃自主性从而服从思维的优

[①] 《法哲学原理》，第13节附释，中文版，第24页："对于作为能思维的东西的理智说来，对象和内容始终是普遍物，而理智本身的行为是普遍的活动。"参见黑格尔：《宗教哲学讲演录》（第1卷）："思维思考普遍物，感受感觉感受之物等等都是赘语。"

先性。①

其次,这一意志并没有与感受完美区分开来。黑格尔经常将之称为"意志",但他自由使用的那些在他看来与意志同义的术语,对我们理解他设想意志的方式非常重要。它们有"心(Herz)""情绪或性情(Gesinnung)",以及最关键的"Gemüt(情绪)"这一不可翻译的术语。②"Gemüt"指的是普遍的理性原则在其中"内化"且从理论原则向潜在的实践原则被转换的那个东西。

我们很容易看出黑格尔的"性情"与柏拉图"意气"的亲近性,后者用来刻画辅助者的特征③;还有黑格尔的伦理意志和勇敢之间的亲近性。勇敢体现在对立法者赋予形式的吸收和积极保留上④,从

---

① 在某些段落中黑格尔表达的意涵似乎远过于此,意志为了成为伦理,放弃的不仅是自己的自主性,而且放弃了与思维活动加以区分的同一性身份,参见《法哲学原理》,第 13 节附释,第 24 页:"理智固有的有限性肇始于意志,而意志只有把自己再提高为思维,并给自己的种种目的以内在的普遍性,才会扬弃形式与内容的差别,而使自己成为客观的无限意志。"以及第 4 节补充,第 12 页:"……意志不过是特殊的思维方式,即把自己转变为定在的那种思维,作为达到定在的冲动的那种思维。"另外亦参见第 258 节附释。

② 还有"gemütlichkeit"一词,尽管这个词被用来指社会礼貌的习俗而不是伦理行为的法则。它可以被理解为"善于社交的惬意、亲切(social good humour)"。它与冷淡相对立,并使得亲密社交与形式上的聚会得以区分。在某种"惬意"的聚会中,礼貌性的习俗不仅得到遵守,而且得到了**接受**,因而礼貌行动的履行不再是机械服从于某种规则,而是良善意志的自动表达。

③ 我认为,这些词语在词源上的派生关系并不是偶然的。"Gemüt"与"Mut(勇敢)"相关,就像"Thumoeides"与"θύμος(发怒)"一样,而且"Mut"的意思就是"θύμος"。

④ 本书第三章,前文第 94 页。

而将这一从外面施加的形式(就像印在软化的蜡块上面的图像那样)转变为内心主动的指导原则,或转变为亚里士多德后来所说的"性情",即习得的性情。在柏拉图那里,实践活动同样作为辅助服从于理论活动①,并且意志同样未被看成区别于理性和欲望的其他东西。②

我们不能过于高估这些相似性。我们在黑格尔伦理意志的学说中经常感受到的所有缺点都在于:他并没有完全超越柏拉图的立场。尽管他具有"意志"这一柏拉图没有的术语,但是他用它所意指的只不过是柏拉图通过意气所意指的东西。

黑格尔伦理自由的观念意味着个人理性和意气这两部分的统一,而柏拉图将这两部分官能分别赋予作为导师的统治者和作为学生的辅助者。它还意味着将柏拉图限定在护卫者中的德性扩展到了社会所有成员,从而使国家中的主体(被统治者)和城邦中的统治者具有相同的资质。在这两方面黑格尔都超越了柏拉图。我们上面提到的缺点在于,尽管黑格尔赋予主体以柏拉图的护卫者所具有的所有德性,他所做也就到此为止了:他没有赋予柏拉图的护卫者所没有的德性,即自主的意志官能。

黑格尔究竟有没有克服柏拉图政治哲学中的局限性,这一点得看他在多大程度上超越了柏拉图的形而上学。黑格尔政治哲学的缺陷就缘于他没有彻底超越柏拉图的形而上学。③ 我们后面会讨论这

---

① τῷ λογιστικῷ ἄρχειν προσήκει. 这一理性的霸权被包含在护卫者活动与技艺的全部类比中。
② 众所周知,古希腊伦理学中没有"意志"这一观念甚至这一名字。
③ 参见本书后文第135页。

一点。现在让我们先考察一下黑格尔所说的"主体自由"的第二种含义。

II

法律具有的客观性是实现伦理自由的条件,而它的一般性则是实现经济自由的条件。法律的一般规定并不能确定行为的具体细节,它们留待主体来自由选择(Willkür)。① 法律既不应该那么具体化,也不应规定个人具体行为的细节。而这对于主体被确保有选择自由是本质性的。

黑格尔将这一点视为现代国家的典型特征,即法律的规定止步于一般性,而留出空间给主体,从而使其在未规定领域可以选择满足的手段。② 因而国家对公民服务的要求必须是金钱(税收)上的,而不是某种特殊行为③或某类特殊贡献。在征税的过程中,国家将自己限制在对其所要求的贡献总体价值的评估上,而将其具体性规定或具体的挣钱方式留给个人的选择。④ 再次强调,对于任何国家而言,本质性的东西在于,它应该组织化,即其个别成员应该分布于各阶层、职业和行业。但现代国家的典型特征在于法律放弃了对这

---

① 下文内容详见本书附录 E,前文第 101 页。
② 《法哲学原理》,序言,中文版,第 11—12 页。
③ 像 λειτουργίαι(公共服务)。
④ 《法哲学原理》,第 299 节。

种具体分配的控制。柏拉图笔下的城邦统治者赋予每位被统治者某种具体领域或行业；而与之不同，国家中行业或职业的选择则留给了个人。①

公民运用的这种选择很明显属于主体的活动，因为按其定义它并不能被法律体系规定从而成为理解的对象。这一活动的可能性条件在于，法律所规定的范围应该被限制。似乎由于这一限制所导致的结果**无非**是缩小了法律的权威管辖的范围。它不得不承认某种非法和自由选择的领域，就像阿尔塞西区（Alsatia）②一样，明智的统治者为了保住其他部分而不得不放弃某一部分疆土。但事情并非如此。因为未得到规定的选择实际上在履行法律中发生，并且是后者现实化的必要手段。某个主体可以自由地选择制鞋还是养牛③；他做出选择，并不受遵守义务的规定因此这种自由并不来源于理性的必然性，而是直接来源于满足其经济需求的欲望。不过，通过他的选择，他的确承认了具有理性必然性的东西④——他承认了共同体应该通过不同行业而加以组织化这种一般性的规划；他也承认某部分财富应以税收的方式缴纳，而税收这一方式被满足的可能性取决于对某种特殊的生产手段的选择。

---

① 《法哲学原理》，第 206 节。
② 伦敦中央一地区，曾是债务人和罪犯的藏匿之所，多指贫民窟或治安不良的地区。——译者注
③ 他的选择无疑总是被经济必然性所决定，但它在未完全被法律规定这一点上是自由的。
④ 《法哲学原理》，第 206 节。

因而法律未规定、留给主体活动的那一空间,不仅是主体自由的条件①,而且还是法律自身现实化的条件。②

在这一学说中,黑格尔一如既往地坚持,主体实践活动或意志活动对于国家现实化而言是本质性的;主体自由就包含在这一活动中;国家不同于城邦的地方主要在于对这一自由的保障,黑格尔与柏拉图哲学的不同也主要在于黑格尔将其既视为主体的权利又视为实现法律的条件。

无需赘述③:这一学说尽管在术语表达上几乎与上节考察的伦理意志学说一样,但二者却迥然有异。

我们曾称后一活动为经济意志。它是黑格尔除了伦理意志之外的另外一种意志观念,尽管他没有对之进行充分的规定。如同伦理意志,它带有一切柏拉图起源的标志。前一观念没有准确地与理性做出区分,后者则没有很好地与欲望做出区分。④

古希腊的伦理学未能获得意志观念,这是其形而上学的必然结

---

① 《法哲学原理》,第 206 节附释,中文版,第 215—216 页:"如果人们承认在市民社会和国家中一切都**由于理性而必然发生,同时也以任性为中介**,并且承认这种法,那末人们对于通常所称的自由,也就作出更详密的规定了。"
② "Neque enim lex impletur nisi libero arbitrio(法律的实施必须是自由的仲裁)."比较奥古斯丁这句话与上引亚里士多德的那些话(第 96 页注释),可以发现法律和礼法在这方面的差异。礼法要求主体实现"精神(Ethos)",但法律要求的是主体的自由意志。
③ 本书第三章,前文第 80 页;附录 E,第 101 页。
④ 当然,我的意思并不是说黑格尔关于"意志"的这两种观念一点也没超越柏拉图的观念。光是"意志"这一术语就代表了某种进步。但我的确认为黑格尔的思想落后于这一术语。

果。这一形而上学的本质在于可知的自然世界和可感的自然世界这一区分，前者成为后者的根据或**存在理由**（ratio essendi）。[1] 换言之，可感自然世界的根据本身也是一种**自然**。

在这样的世界中并没有意志的空间。自然可以成为知识的对象，也可以成为欲望的对象，但却无法成为其他第三类活动的对象。感性自然可以成为感官知觉或感性欲望的对象，而可知自然可以成为理论理解或非感性－渴求的对象。欲望和渴求当然不是理论活动。自然不仅是知识的对象，它也可以成为实践活动的对象，但它只有作为目的或目的因才能转化为后者的对象。因而实践活动受限于对某个目的的渴求和朝向，无论是对可感的个别之物的渴求，还是对可知的普遍之物的渴求。

黑格尔关于国家的形而上学学说与柏拉图的自然形而上学具有相似性，这一点并非偶然。他将历史现象的世界视为"第二自然"，其所包含的政体、习俗系统和历史上法的体系等都呈现在现实国家中的主体意识中。[2] 关于世界，他在"理念"与其历史表现做出的这一区分非常类似于柏拉图在可知与可感的自然世界之间做出的区

---

[1] 无论柏拉图是否应该为 χωρισμός（分离说）负责，即无论他是否将世界的双重性错误地理解为世界的复本，这个问题与我们这里的讨论无关。如果他应该为此负责，那么他的哲学就不同于亚里士多德的。但是我们这里要指出他与亚里士多德在哲学上的共同之处，而且我认为这也是古希腊哲学的一般特征。起码我可以用"古希腊哲学"这个便利的标签来指我认为的柏拉图和亚里士多德的共同之处。

[2] 《法哲学原理》，第 4 节。

分。^①国家，作为出现在某个具体的时间和地点的历史存在，成为历史的经验科学或实定法学[②]这种次要知识的对象；但理性从这一历史世界内能够识别出某种理智的内核，将之作为本质而与单纯历史这一现象相关联[③]，让这一理智内核成为单纯历史存在和被理解的根据。这一核心是普遍规定的总体体系，由概念按照理性辩证法发展而来。这就是黑格尔所说的国家"理念"，他将其作为法哲学的真正对象。[④]这样国家的"理念"就被归属到了可知自然的范畴之下，因而就成了最高认识即哲学理性的对象。[⑤]总而言之，这一理念与历史现象之间就像可知自然与可感自然的关系那样；前者是完全实在和彻底可知的，而后者则只是部分实在和可知。如果主体行动所处的历史世界完全被这种二分法穷尽，显然就不会有真正的意志对象。国家的"理念"或本质会成为理性的对象，而无规定的偶然性适用于欲望的满足。因而主体在自身之内就统一了这两种活动，而柏拉图则将其赋予城邦中的两个阶层，即将理性赋予统治者而将欲望赋予被统治者。尽管如此，黑格尔还是不能设想二者之外其他类型的主体活动。

关于人性的心理学与法的形而上学之间存在最严格意义上的

---

① 《法哲学原理》，第 1 节。
② 《法哲学原理》，第 3 节，第 212 节附释，以及本书第 196—199 页。
③ 特别参见《法哲学原理》序言，中文版，第 11 页，以及第 3 节。
④ 《法哲学原理》，第 1 节。
⑤ 《法哲学原理》，第 146 节。

彼此蕴含。实定性被认为是法律的本质要素,这一点就蕴含着意志被认为是人的本质官能。反之亦然。这一点可以用柏拉图自己的学说加以解释。护卫者阶层服从的法律是实定的,因为他们没有足够的理智来理解它;而正是这一阶层在服从法律的过程中发展出来勇敢德性,这是柏拉图最大程度预见到后来意志德性的地方。但这种实定性对柏拉图而言并不属于法的本质。法的本质是完全理性的,它的实证性恰恰在于模糊地被理解。理性之光去除了法律中的实定性要素,同样也将主体提升到需要运用意志德性来遵守它这一层次上。① 意志并不是主体的本质要素,而是其理解上的不足;正如法的实定性仅仅是某种现象,因为它只是被模糊理解的法律。但是如果法律的本质被认为包含命令(imperative)特征(正是由于这种命令要素被添加到法的本质中,理智才能宣称其够得上法律),那么意志作为服从法律的官能就必须被认为是人性的本质要素。这一命令要素并不作为理性和欲望的对象而施加在主体之上,其原因在于:只有**实然**的东西才能成为理性和欲望的对象,而命令的本质在于它并非实然,而是应然(that it is not, but ought to be)。

如果我们抱有原初信念从而认为意志属于人性的本质,那么这一点就可以充当我们拒绝某种形而上学的理由,这种形而上学蕴含着将意志从道德活动的概念中剥离出去。这种思维态度的特征我们称之为常识(Common Sense),它论证说从前一信念就能推出后一结

---

① 参见本书第二章,前文第 66 页。

论。而这样的论证蕴含在道德淳朴的人对黑格尔伦理学的形而上学奠基的常见反应中。①这一蕴含反过来也同样有效。如果我们可以洞察到道德规则的根基,比如我们能够确定命令特征属于其本质,那么从这一前提我们就会得出结论说,意志是人性的本质要素。常识推理的典型特征在于它总是在前一方向上进行,而从来没有采取过相反的方向。其直接确定性是心理学的,而不是形而上学的。而常识哲学的错误就在于,它将这一确定性假定为人这一物种的自然禀赋,因而将其视为普遍和永恒的人性。它往往忽略了该假定蕴含的悖论(paradox),即人们历史上如此之晚才能运用(**按照假定**)他们很早就已经拥有的官能。古希腊人并没有意识到我们称为意志的那种官能,他们的这一无知仅仅是因为没有反思自己的本性吗?假如他"反观内省(look within himself,洛克的话)"仍然没有发现它,他的失败仅仅是因为其目光朝向了错误的方向吗?人们在运用常识官能的两千年前就已经拥有它了,我们将这一断言称为悖论还是很宽容,因为这根本就是一个无意义的断言。而常识哲学致力于研究的恰恰是这种无意义或荒谬。

常识信念构成了现代世界知识遗产的一部分。它包含的真理是在基督教信仰长期规训之下才获得和形成的,而古希腊人并没有这种常识信念,因为他们没有受过基督教学说的教育。这里不是阐明

---

① 参见摩尔在《伦理学原理》中采用的方法,它表明本体论对伦理学的奠基与道德活动的常识信念并不相符。

这一宏大主题的地方。大家可以参阅一下我在其他地方为了论证这一主题以及本章后面大部分内容而写的文章。① 不过如果我们将形而上学看作宗教教条和常识之间的中项，我们会更清楚地认识到基督教学说和意志作为人性的一部分这一特定的常识信念之间的逻辑关系。实证性对于法律而言是本质性的，这一学说意味着人性具有意志官能；而反过来它被包含在另一学说之中，即对人而言的最高法是上帝的命令，法律本质上来自上帝的**意志**。如果我们现在再问什么学说将意志作为上帝的属性，答案毫无疑问：它就是《旧约》中的启示。

上帝创世、他以神意来指导人类生活、他对人发出命令、他惩罚人的僭越，所有这些学说都蕴含上帝具有意志活动这一观念。很明显，任何②古希腊神学中都没有这一观念。通过我刚才提示的线索，它们也是常识信念中那些要素的最终来源，而这些要素在古希腊人的意识中也是没有的。由此就导致了，常识对形而上学的反对与启示的权威性，二者尽管非常不同，目标却是一致的。古希腊本体论（或理性主义）受到常识的厌恶和批评，这一点与它在更早的

---

① "The Christian Doctrine of Creation and the Rise of Modern Natural Science（基督教创世论与现代自然科学的兴起）"，见 *Mind*，1934.10；"The Opposition between Hegel and the Philosophy of Empiricism（黑格尔与经验哲学的对立）"，见 *Verhandlungen des dritten Hegel-Kongress*，Tübingen and Haarlem，1934。

② 柏拉图在《**蒂迈欧**》中关于神圣德穆革的观念是个例外。它是柏拉图预见到的基督教学说的几个点之一。但在德穆革和造物主这两种观念之间仍然有一个重大差异，参见本书第六章以下。

时代受到基督教正统派的攻讦具有相同的特征。

黑格尔形而上学的缺点在于他没有赋予意志以正确的位置从而将其作为人性的某个要素。这一点同样也是由于他未能将《旧约》中法律的学说所包含的这一真理吸收进他的哲学之中：法律的源泉在于意志。这也是由于他否认了这一学说所蕴含的内容：法律在其本性上具有实定性。

黑格尔未能认识到人的意志活动以及法律的实定性。这两个紧密相关的缺点之所以会产生，最终根源可能都要归结为他没有充分吸收基督教的上帝学说。但如果黑格尔单纯是一名理性主义者的话，他也就不会成为伟大的哲学家。上文我们探讨了黑格尔的哲学为何是某种纯粹柏拉图主义的复兴，现在我们可以通过与柏拉图的不同之处来展示其最典型的特征。黑格尔没有认识到意志可以作为主体活动的起源这一特性。虽然他用了"意志"一词，但还是不加区分地将其与"心""情绪"和"精神"这样的词混用，甚至偶尔还违背其原意而将其说成是"某种特殊的思维方式"[①]。尽管这是黑格尔心理学的缺点，但它相比于柏拉图仍然是巨大的进步，因为黑格尔认识到了人类行动的完满要依赖于这一主体要素的存在，而没有消除它。这体现在他用自由取代正义作为人类的普遍德性这一点上。此外，不同于柏拉图，他严格区分法律与礼法，这一点体现在

[①] 参见本书前文第 126 页，注释 3（中文版 127 页注释 1）。

他坚持"被设定"①属于法律的本质。但最终他还是没有认识到法律本质中应该包含实证性。这的确算是他法律理论的缺点。法律包含的要素都来源于作为思辨理性对象的"理念",而"设定"或理论活动也由于其辩证本性而内在于理念自身之中。因此黑格尔的法律学说与其自由学说一样②,都依赖于辩证法这一形而上学。

本章最后,我们还是想要指出这一点,即黑格尔思想中的这些非柏拉图要素都来源于基督教启示。如果说黑格尔思想的缺点都源于他未能充分吸收启示中的真理,他能够超越柏拉图的那些积极贡献则源于他还是吸收了其中的某些真理。我们有可能更加准确地详细说明他分别吸收和忽视了哪些基督教的要素。整体而言,他忽视了《旧约》中的启示,而吸收了《新约》中的启示。他的哲学没有任何犹太创世和律法学说中隐含的意志形而上学的痕迹,这一学说认识到了偶然性对于自然③、实定性对于律法以及意志对于人类完满的本质性意义。但是他深深浸润于基督教的三位一体、道成肉身以及救赎这些学说,而且他全部思想都渗透着这些内容。④这些学说是黑格尔与柏拉图哲学中最不相同的那些要素的源泉。

我们已经注意到,黑格尔的法律哲学和自由学说都依赖于形而

---

① "gesetzt",参见本书前文第 119 页。
② 参见本书前文第 124 页。
③ 参见本人文章,前揭,第 136 页注释 1(中文版 136 页注释 1)。
④ "对黑格尔而言,基督教的救赎思想绝对是思辨的。"参见 R. 克罗纳(R.Kroner):《从康德到黑格尔》(*Von Kant bis Hegel*),第 2 卷,第 236 页。

上学这一学说：理念是辩证的。黑格尔本人在全部著作中都坚持，真理在辩证法中获得了哲学上的表达，同样它也在基督教三位一体学说中以宗教表象的形式获得了表达。① 这一学说超越了所有 ② 古希腊神学的地方在于：它赋予上帝某种动力因的力量（a power of efficient causation）。柏拉图善的理念就只是活动的对象，而不是主体；亚里士多德的神的确是某种活动的主体，但却是纯粹理论活动的主体，而且靠其自身而终结。当黑格尔用"绝对不是实体而是主体"这样的表达（兼对斯宾诺莎的批评）来总结其形而上学之时，他赋予绝对者的力量只不过是三位一体学说中赋予上帝力量的翻版而已。尽管如此，三位一体学说并没有穷尽基督教上帝启示的意义。将上帝的因果性仅仅局限在圣子的诞生，这就忽略了创世学

---

① 我这里补充一点以避免误解：我并不接受黑格尔本人关于哲学与宗教之间关系的理论，因此也不接受他本人的哲学与基督启示之关系的观念。对黑格尔而言，宗教表象与哲学概念之间的关系有点像三角形的图像式说明与其数学概念那样。它是精神向概念发展的必经阶段，但一旦达到概念，这一阶段就被超越了。这位哲学家的这些结论依赖的是逻辑上的证明；由此得出，不能被理性完全把握的启示真理就只能是某种不完美的见解。黑格尔的理性主义除了表现在关于启示宗教的理论中，还表现在他的法律和意志理论中。在后者那些理论中，法律的实定性要素和人类行动的意志要素最终都取决于理性的缺乏，正如在前者那种理论中，真理的启示要素那样。但这里黑格尔的理论还是有某些不那么基督教的地方。它里面没有这一信念：上帝之言之所以是真的就是因为他是上帝之言；它仅包含下面这一完全不同的信念：上帝之所以说这些话是因为它们是真的。这里再一次证明了他更加接近《新约》的教诲，而不是《旧约》；它关于上帝之言的观念更接近**第四福音**而非希伯来先知的观念。

② 《蒂迈欧》中的神学又是一个例外，参见本书前文第 136 页注释 2（中文版，第 136 页注释 2）。

说①，后者赋予上帝某种完全不同于产生（generation）的活动，即纯粹意志的活动。

黑格尔的哲学由于吸收了基督教启示的真理才得以超越柏拉图的哲学，但同时这种吸收是不充分和不完整的。详细阐述该论题的这两个方面，这一任务超出了本书范围。但为了避免误解，我想在本章的结尾处添加两点评论。

人们似乎觉得，黑格尔对基督教学说的挪用，应该为其哲学中异想天开的、神秘的，抑或"形而上学的"那些令常识都感到吃惊的要素负责。当然我并不是要否认这种要素的存在，而是要说每每这种情况的出现都不缘于他吸收了基督教学说，而是缘于他吸收得不够。那些强烈反对黑格尔哲学中这一倾向的哲学流派——比如一边是常识的经验主义，另一边是康德的道德哲学——之所以可以做出反对，就是因为（无论它们在其他方面多么褊狭）其更加（至少不会更少）坚定地以某一种基督教学说为基础（比如，洛克对创世学说的坚持以及康德对律法学说的坚持），而这些学说并没有被黑格尔哲学充分吸收。那些哲学流派是以**基督教会**（Christiana sanitas）之名对黑格尔发起的反对。

人们可能还会想到，黑格尔超越柏拉图的地方被归结为基督教理念的影响，这一观念与本书前面章节所持的论点不一致，这些论

---

① 黑格尔习惯性地混淆圣子的产生和世界的创造。具体例子可参见本人关于黑格尔和经验主义的论文，前揭，本书第 136 页注释 1（中文版，第 136 页注释 1）。

点认为黑格尔超越柏拉图的地方在于他将隐含在柏拉图本人哲学中的结果发展出来了。柏拉图学说中蕴含着对基督教学说的预示,而这些预示恰恰是在黑格尔哲学这里得到进一步发展的内容。的确,基督教启示不是一套排斥真理的学说。它包含的真理,如果由思维的劳作将其发展出来的话,就能够在某些情况中被把握为真正从开端于古希腊的沉思中发展出来的结论。但我必须再补充本人的一个信念:尽管这样的结论可以**事后**(ex post facto)被理解为前基督教哲学的真正功绩,但是无助的理性(unaided reason)在前基督教的前提上所做的工作并不能获得它们。

V

黑格尔笔下的"市民社会"与国家

142　　柏拉图区分了"最初城邦"与理想城邦。我们从中可以看到他对"社会"与国家这一区分首次隐约的预示。我们之前将"最初城邦"作为经济社会、理想城邦作为政治社会加以区分。但这种术语要建立在对二者更为彻底差异的发现(discovery)之上,而柏拉图并没有意识到这一点。政治社会自身有不同于经济社会的某种法则,而柏拉图认为在"最初城邦"与理想城邦中实现的形式是一样的,二者的不同仅在于实现的方式上。统治者并不是在某种已经具有自己法则的社会之上附加上(super-imposed)另一种,只不过是对原始社会的法则进行重塑(re-imposed)而已。

　　根据柏拉图的理论,法律是社会的形式,经济活动是其质料。因为质料除了形式之外并不会现实存在,所以否认经济活动有其自己的法则就是否认经济社会具有真正的现实性。在柏拉图对城邦"生成或起源(coming to be)"的描述中,最初城邦比第二个城邦在时间上出现得要早,但这并不意味着柏拉图赋予经济社会独立于政治社会的现实存在。这是一种神话（Muthos），而不是历史；它真正想要表达的经济与政治的关系在《理想国》后面用理性（Logos）的术语得到了刻画，即"最初城邦"社会作为"第三阶层"被包含进了理想城邦之中，这一阶层与统治者所赋予的法律之间是质料与形式的关系。因此柏拉图对此的观点在于，经济活动与政治秩序在思想上可区分，但现实中却不能分开。经济和政治的活动能力只有相互联结为一体才能得到实现，城邦的统一就取决于这两种要素的彼此依存。对柏拉图城邦统一观念而言，本质性的是，经济自身没有法则；就像亚里士多德的物理自然的观念一样，质料自身没有法则。①

中世纪末的思想革命为现代自然科学奠定了基础，并使亚里士多德的哲学丧失了荣光。它建立在两个原则之上：质料有其自身的法则；质料是一种实体。这意味着质料不仅在思想上可以区分于形式，而且在现实存在上也可以脱离形式。② 这两个命题的必然性是彼此依赖的，我们这里不需要讨论何者为因，何者为果。

在政治哲学领域，类似的革命可以在自然状态（a State of Nature）学说中找到反映。③ 自然状态是人类的原始状况，政治社

---

① 比如，不存在普遍适用于任何物质对象运动的交互法则。
② 由此得出的进一步结论是，形式是认知心灵由于不完美而赋予物质实体的外在称谓；比如斯宾诺莎在学说中将种类（species）作为**认识样式**（modi cogitandi），而洛克则认为它们是"名义上的本质（nominal essences）"。
③ 毫无疑问，我将这两种"革命"的时间大大延后了，这两种学说的根源都可以追溯到中世纪以及更早的时间。但我必须从自己所知道的开始：在政治哲学中，这一革命就是以霍布斯为开端。

会的形式则加诸其上。在这一点上，它可以适用于柏拉图的经济社会观念，它作为质料接受赋形。自然状态学说中完全新的、非柏拉图式的观念是，这一状态有其自身服从的法则，它在种类上不同于后来政府颁布的法则。这意味着自然状态不仅在思想上与其所服从的政治秩序可以区分，而且它还具有独立于后者的实体性存在。这一独立性体现在，自然状态被赋予某种时间上先于政治社会的现实存在，正像当代自然哲学将物质的独立性表现为可以在空间上脱离于思维而存在那样（物质与思维处于因果关系之中）。毫无疑问，时间上的优先性和空间上的外在性这些刻画并不足以表达出它们的作者所探究的真理。但是如果忽略了它们，我们在谈及比如霍布斯的时候就会说，他所刻画的历史序列只是对逻辑优先性的天真隐喻，而且他从时间上区分自然和政治状态的时候，只不过是对国家的形式与质料这一区分的笨拙表达，后者在柏拉图那里得到了准确表达，并将其视为可区分但不可分离。所有这些说法都表明，霍布斯的原创性完全取决于他没有理解亚里士多德。似乎几个世纪以来逻辑优先性（λόγῳ πρότερον）与存在理由的区分（distinctio rationis）还没有成为有学识世界的陈词滥调！霍布斯笔下两种状态的历史序列无疑是一种笨拙的表达，但却是古希腊政治哲学中**没有**表达出来的东西，正如物质实体在空间上可以与思维分离这一点是古希腊自然哲学中没有表达出来的观念一样。霍布斯所描述的听起来像神话的东西，不同于柏拉图"最初城邦"故事中的单纯神话。历史序列并不仅仅是碰巧披上了寓言外衣。① 亦即，霍布斯对两种状态的时间区分并不仅仅是某种逻辑区分的隐喻。

我在上文似乎将经济法则作为自然状态中唯一盛行的法则，但这种理解就过于简化了。"自然法"是个模糊的术语，包含了两种不同的含义，但使用它的人通常并没有这么区分它。它的模糊性最终是由于人们未能准确地规定人性中"自然的"东西到底是激情还是理性。我们发现不可能调和这两种观念，也不能通过完全支持一方而抛弃另一方。因而自然状态同时意味着两种东西：人们的行为被其激情所规定的状态以及被理性所规定的状态。因此自然法也有两种含义：作为激情的法则和作为理性的法则。这种双重性不仅是这个词字面意义上的延伸，而且恰恰就是这个词的准确意涵。这两种法则具有的共同之处在于它们并不来源于意志，因而都区别于实定法。它们在不同的意义上都可以称为自然法：一种是理性在激情运作之中发现的法则，一种是理性为激情规定的法则。② 它们都可以称

---

① 这一差异可以表述为：柏拉图的"最初城邦"纯粹是想象出来的，而霍布斯的自然状态则被想象为过去发生的。类似时间上的参照蔓延到了这一阶段的乌托邦想象。它们并不是"建立在天上的"因而无时间的理想，而是被想象为处于地球某个未被发现地区的真实存在。当这种乌托邦设计被放弃，时间参照仍然保留了下来，但被转移到了未来。这样，乌托邦就成为了预言，理想就成为了时间上的世界末日。
② 比如当科贝特（Cobbett）将自然法界定为"自我保存和自我享受的法则，不受关照邻居好坏之局限"之时，他用的是第一层意义。第二层意义上的自然法的一个例子，每个人应该尊重所有其他理性造物所要求的与人自身相同的权利。[威廉·科贝特（1763—1835），英国政治活动家和政论家，曾任国会议员，被称为"工人无产阶级的第一位领袖"，其复杂面向参见雷蒙·威廉斯的分析，《文化与社会：1780—1950》，高晓玲译，北京：商务印书馆，2018年，第28—52页。——译者注]

为普遍的，一个是在普遍运作（operative）的意义上，一个则是在普遍有效（valid）的意义上。一个作为行为法则，无论是否被理解都对行为起规定作用；一个则是只有被理解的时候才能对行为起规定作用，因此严格意义上，后一行为并不是被法则规定，而是被法则的概念规定。

因而自然状态可以被视为服从两种不同的法则：(i) 激情的法则，我将其视为对"经济的"法则的预示；(ii) 理性规定的法则，我根据同样的理由将其归入市民法（Civil Law）①之下。

没有哪个哲学家将自然状态完全设想为某一种，而将另外一种完全排除在外。不过根据它们的优先性排序，我们可以将现代哲学中两大传统——经验主义和理性主义——之间的区分应用在政治理论领域。②

我将分别考察自然法理念在这两个传统中的发展，首先是经验

---

① 这个词的使用可能会导致某些人的反对，我只是在没有想到更好的词的情况下使用它。这个词的好处在于，它可以表明自然法这一观念以及黑格尔所说的"抽象法"与罗马法（"Jus Gentium"，"Jus Nature"）在历史上的渊源；但缺点在于它忽视了康德的道德法也是直接从后者派生而来。

此外还有一个不便之处，我用其指某类自然法，而这个词恰恰被某些早期政治哲学家用来表示相反的意思，他们只认识到了社会和前社会状态这一种区分。但这一不便是必然的。当我们进一步区分社会与国家，"自然法"发展成某种社会的却非实定的法律观念的时候，法则的双重含义通过经济法和市民法这种区分就变得明确。我尝试指出这一区分的萌芽就蕴含在这种自然法观念中，但却没有更好的资源可以区分这个词中隐含的这两种观念，而只能通过后来从它们之中发展出来的术语来区分。

② 我在整个章节中都是在这一特殊和限定的意义上使用"经验主义"和"理性主义"这种术语，即它们指的是现代欧洲哲学的两大传统。

主义传统。

（i）尽管霍布斯承认存在自然法，但却认为它们在自然状态中必然是不起作用和无效的，这几乎相当于取消了这种承认。因此它们在人们订立契约之后就丧失了有效性，不能限制国家法律控制的范围。这样，霍布斯没有从社会中区分出国家来，也没有区分政治管控的领域与非实定的社会法则。但他最起码赋予前社会状态存在某种法律的可能性，因此就展示了社会与国家这一之后发展出来的区分的最初萌芽。

这一区分在洛克那里得到了发展。洛克比霍布斯更为严肃地对待自然法。他不愿将其视为在自然状态中完全无效，因而声称它们在人们"订立契约之后"仍然继续发挥作用，这样它们就可以限制社会自身中实定性法令的范围。因而，实定法与自然法的区分不再随着社会与前社会状态这一区分的终结而终结，而是以国家与"社会"这样的区分重新出现在了社会状态之中。

让我们的讨论集中在自然法的某个重要方面。与国家相区分的"社会"必须被规定为经济社会，支配它的法则必定是经济法则。这些法则是真正自然的，它们被认为同时构成了立法活动的限制性目的。立法活动范围的限定条件在于，它必须不能干扰经济法则在经济领域的运行。比如立法活动不能为个人拟定具体行业，而必须停留在维持一般秩序上，具体工作的分配必须由个人选择而定。因为个人的选择仅仅由经济必然性规定，所以它是自由的。立法活动不计算具体商品或规定公共服务，而是将其自身限制在征收金融税上，将具体的工作交由主体根据经济法则来确定。经济法则只有在主体选择是自由的时候才能发挥作用。英国自由主义从洛克那里获得了其原则，将确保这些限定作为其重大目标之一；这些限定很明显与法律的一般性条件相同，黑格尔视之为主体中（经济的）意志自由的本质性要素。①

人格统一、财产和契约是实现这一自由的主要条件，因为它们可以保障某人行动的领域免受本人欲望之外任何要素的侵犯。只有当这些欲望被允许在这种免于侵犯的自由（freedom from interference）中发挥作用的时候，经济活动才能展现出自己的合法形式。

但在这样的经济社会中，起作用的不只是经济法则。人身、财产和契约之所以要加以保护，是**为了**（for）经济活动可以自由发展为由经济法则支配的体系；但它们是**通过**（by）非经济的市民法而得到保护的。市民法和经济法之间的区别完全在于，市民法只有当其被理解的时候才能发挥作用，而经济法无论是否被理解都能发挥作用。

因此经验主义哲学并不能将市民法排除在其社会观之外，只是降低了它的地位，使其作为确保经济自由的手段。

(ii) 市民法体系构成了理性主义社会观的本质，不同于经验主义社会观，理性主义社会观的特征在于将对这种法的现实化视为目的本身，而不仅作为经济满足的可欲手段。这一体系要求得到理性

---

① 本书第四章，前文第 129 页。

存在者的认可,因为它本身就是理性的,亦即它可以从自明的原则中**先天**推导出来。主体接受它的时候是自由的,因为他服从的只是理性,而非任何外在力量。当然,尽管这一法则终止于对私人财产制度的维护,但它必须允许一定的空间来保障主体某种自由活动的实施。虽然这一自由活动在一个相当不同的意义上是由欲望所决定的,但也可以与理性主义社会观兼容,因为在后者看来,欲望活动在运行中展示的法则虽然不能由理性**先天**推导出来,但却可以**后天**地建立起来。理性主义的特征在于,它颠倒了经验主义在两种自由和两种法律之间的优先排序。对这两种冲突性的要求进行真正的调和,只有建立在对二者差异的认可之基础上才有可能。而理性主义和经验主义这两派都没达到这一点。每一派都只认可自己那一套自由观,都没有认识到其他形式的自由观。

像经验主义法律那样,理性主义法律也能得到类似的发展:从单纯自然状态的法则发展到社会的法则,后者构成了实定法权威的限定性目的。

这就是市民法体系,即黑格尔称为"抽象法"的东西。与理性主义的前辈一样,黑格尔也认为它是理性或自然的,因为它可以由理性从自由的思辨概念中系统地推导出来。① 这一自由概念经历的理性辩证过程开始于"逻辑学",因此法体系的规定具有的**逻辑**必然性并不低于逻辑学领域中的任何论题。它拥有的存在特征可

---

① 《法哲学原理》三大组成部分的第一部分(第 34—103 节)就致力于这一推导或演绎。

以被理性主体理解,这对黑格尔而言是实现(伦理)①自由的本质条件。

黑格尔在"伦理"领域中将其称为"市民社会(bürgerliche Gesellschaft)"②,以与国家相区分。他结合(以及混淆)了上文我们发现的有可能区分"社会"和国家的**两种**规定。它既是经济社会,也是市民社会;在这种领域中经济法得到了实行,市民法也得到了实施。③

霍布斯和柏拉图都没有区分"社会"和国家,尽管出于相反的理由:前者否认自然法可以在社会中发挥作用,而后者否认任何非自然的法律在国家中可以发挥作用。与二者不同,黑格尔进一步发展了隐含在洛克那里的划界原则。国家之内必须要有自然法的领域,尽管要是没有另外一个"超越"它的领域,社会状态也不会成为国家(a state is not a State)。

然而,真正构成"市民社会"之所是的东西,是因为有两种法律在其中运行,它们在不同的意义上都是"自然的",因而在不同意义上都有资格成为主体自由之条件。④ 而黑格尔从来没有明确区分这

---

① 我在本章使用这个词都是在上一章界定的意义上,见本书第四章,前文第 110 页。
② 《法哲学原理》,第 182—256 节。
③ 黑格尔在"市民社会"下安排了三个主标题,其中第一个是"需求的体系"(第 189—208 节),第二个是"司法"(第 209—229 节)。
④ **由于法律作为自由的条件在两种意义上可以是"自然的",那么它们在主体中实现的要么是理性的自由("伦理的"自由),要么是欲望的自由("经济的"自由),但不是意志的自由。**

两种法律，同样他也就没有区分作为其实现条件的两种自由。任何人在试图澄清黑格尔关于"社会"和"国家"的关系以及前者在后者中被"超越"的方式这一学说之时，都会面临极端的困难。我认为，其主要原因就在于黑格尔未能区分上述两种法律和自由。

我并不认为，我们有可能在黑格尔那里发现或者用他的话阐释出一种"市民社会"与"国家"关系的融贯学说，或一种从前者到后者"过渡"的融贯性描述。在他那里，它们是两条对立的论证思路，彼此之间并不和谐一致。我将之分别冠以"理性主义的（Rationalist）"和"柏拉图式的（Platonic）"名称。下面我将分别阐述它们，首先是理性主义的。

（i）黑格尔的这一学说不难概述。国家是"伦理"理念实现的最高阶段。"市民社会"是同一过程的较低阶段，是"伦理"这一理念的不完美实现，因此在思维的推动下就必然从低级阶段过渡到更高的阶段。这种不完美体现在哪里呢？黑格尔回答说，"市民社会"是由自觉行为的主体构成的社会，这些主体的活动被法律支配。[①]因而市民社会既是普遍之物的实现或体现，因为法律按其本性就是普遍的；同时它也是真正的"伦理"形式，因为"伦理"按其定义就是普遍之物在自觉意志行为中的实现。不过，这一实现是不完美的，因为尽管个人在此领域中的活动被普遍之物引导，但他们并没

---

① 如果法律并不起支配他们行为的作用，他们就不会构成社会，而且就不会有某个领域一方面可以区分于国家，一方面区分于自然状态。

有被引导朝向它（they are not directed upon it）。① 市民社会是"特殊性领域"，任何行动的计划和目的都是为了个人的满足或私人利益，因此尽管法律在其中得到了遵守，但并不以自觉遵守这一意向为条件。相反，在国家中，普遍之物作为目的而被意愿，亦即它不仅得到了具体的实现，而且还成为理性的对象和意志的目的。②

经济和伦理这两种意志的区分恰恰就在于，前者在其实行中被法律支配，后者则被法律的意识支配。黑格尔的上述表达自然地会直接导致这一意涵，即"市民社会"是经济意志运行的领域，而"国家"则是伦理意志运行的领域。由此可得出，两种自由与其所实现的两种领域一样处于同样的关系中：同一种伦理理念，在国家中得到了完美实现，而在"市民社会"中仅仅得到了不完美的实现；同样，同一种自由，在伦理意志中得到了充分实现，而在"市民社会"中则以经济自由或选择自由这种形式得到初步和不充分的实现。

这不只是黑格尔这些措辞可能的意义，而且是他在某些著作中想用这些词实际表达的意思。国家被界定为"伦理"的实现③；而

---

① 黑格尔说，"市民社会"是"伦理性东西的现象界"（《法哲学原理》，第181节，中文版，第195页；另参见第154、189、263、266节），意思是在这一领域中，普遍之物与实现它的特殊之物相对立，就像本质与体现它的感性现象相对立、自然物中形式与质料相对立那样。通过形式，而不是通过对形式的意识，特殊之物彼此得以联系在一起。

② 《法哲学原理》，第266节；参见第236、249、254节。

③ 尤其参见《法哲学原理》，第257—258节。

"伦理"就是我之前称为伦理意志的实现。① 我将黑格尔的这一倾向称为理性主义的。

当我们更进一步探求这些术语的意义的时候,这一学说的困难便会出现。"普遍之物"到底指的是什么?难道它在"市民社会"中被说成是无目的地得到实现,而在国家中则是作为自觉意志的目的而得到了实现?它是作为主体特殊性的自我利益支配原则的经济法则体系吗?如果是的话,我们就得将这一学说理解为,主体通过将这些法则作为自己的意识对象②而获得伦理自由,而且通过政治经济学的训练就使其自身有资格成为国家成员。这肯定不是一种好的解释,并不符合黑格尔本人的意思。那么,"普遍之物"是调控和限制主体经济活动的市民法吗?但是说这种法则在"市民社会"领域中是不自觉地运行而在国家中经过意志的中介就对它有了自觉的意识,这肯定不对。除非主体对它有自觉的意识并且他的意志被导向对其的遵守,否则这种法则根本就不会运行起来。而这样被引导的意志就成了**伦理**意志,由此会得出:如果市民法在"市民社会"中

---

① 它是"主观情绪(Gesinnung),但又是自在地存在的法的情绪"。见《法哲学原理》,第 141 节附释,中文版,第 162 页;以及第 142—150 节。
② 当然,这样的意识并不会真正使意志成为"伦理的";也不会使其行动成为自由的,如果自由指的是被某种法的概念所规定的话。无论主体是否意识到法则,他的行为都同样被其规定,因此他的意识并不是这种规定性的必要条件,严格来说只是随附的。参见本书第一章,前文第 16 页。

得到了实现，那么伦理意志和伦理自由也必然在其中得到了实现。①那么使社会"过渡"到国家的必要性在哪里呢？

答案必然是：毫无必要。按照黑格尔本人对"伦理"这一理念的界定②，"市民社会"本身已经包含了它所有本质性的实现条件。当黑格尔初次把国家作为"伦理"的实现③而引入时，他赋予国家的那些特征在"社会"中就已经存在了，如果我们正确理解"社会"一词的话。市民法是从原初的理性原则中按照逻辑必然性发展而来④；这一体系在"市民社会"中既"被设定"⑤也被实施⑥。亦即，它是某种蕴含理性规定的体系并且也将它们自身作为主体理性的目的。在这样做的时候，它就满足了使得伦理自由得到完美实现的所有必要条件。

当黑格尔将作为经济意志领域的"市民社会"与作为伦理自由领域的"国家"做对比的时候，他对比的根本不是"社会"和"国家"，而是经验主义社会观和**理性主义社会观**（the Rationalist conception of society）。因此他才认定"市民社会"的典型缺陷在于，

---

① 我们可以总结一下这里的困难：如果黑格尔说的普遍之物指的是经济法则的普遍，那么它就不会通过主体的伦理意志行为而加以实现，但如果它指的是市民法的普遍，那么它只有通过这样的行为才能实现。
② 参见《法哲学原理》，第 142—150 节。
③ 《法哲学原理》，第 257—258 节。
④ 即从"抽象法"发展而来，参见《法哲学原理》，第 34—103 节。
⑤ 在其中"法成为了法律（das Recht zum Gesetze wird）"，参见《法哲学原理》，第 211—212 节以及特别是第 217 节；本书第四章，前文 120 节。
⑥ 《法哲学原理》，第 219—228 节。

尽管市民法在其中得到了实施,但它实施的目的只是为了维护财产和人格,即它仅仅是用来确保经济满足的手段,而不是目的本身。这样,主体只是由于外在必然性①和对其自由的侵犯而被迫服从它,而不是因其有理性的根据而自由地遵守它。但很清楚,这一缺陷并不内在于"社会"本质中,而仅仅产生于对其本质的误解。对黑格尔而言,它要求的补救方案不是对社会结构的修正,也不是"过渡"到另外其他的东西中,而仅仅在于:主体自身应该服从某种道德教育,从而可以放弃经济意志(对它而言,法律就只是某种限制),并且上升到某个立场,使其能够将法律体系认可为理性体系,这样遵守它的过程就包含着"伦理"自由。

(ii) 显然,上述论证思路根本不能让黑格尔过渡到国家。他的国家理论依赖于某种完全外在于理性主义的论证,而且黑格尔本人就一直与它争执。②黑格尔的困难之处就在于这一事实:他自己的思想从来没有免于理性主义要素的影响,而且他在模棱两可的意义上用同样的话语一方面表达反对经验主义的理性主义立场,而同时也表达对这两者都加以反对的第三种立场。对前者而言(表达反经验主义的立场),他用以表达"国家"与"市民社会"关系的语言蕴含我们之前赋予它的那种意义:相比于理性主义所设想的那种得到充分实现的"社会"而言,经验主义理解的"社会"只不过是前者所

---

① 《法哲学原理》,第 231 节。
② 即他与康德为代表的"启蒙"政治哲学的争执。

包含内容的不充分实现而已。而对后者而言（表达反理性主义和经验主义的第三种立场），其自身可能还蕴含其他意义，黑格尔正是依靠这种意义才能真正从"市民社会"过渡到"国家"。

当在前者中不自觉得到实现的法律成为自觉意志的对象之时，"市民社会"才成为"国家"；而且这种朝向普遍的意志是自由的，因为意志依据本性朝向的是特殊之物，而只有**被普遍所引导**（by）才不朝向特殊之物。我们上文已经指出，这种充分的自由意志就等同于主体自身服从法律的伦理意志。但是也有可能将其等同于其他东西：不是遵守法律，而是执行法律的那种意志。这样从"市民社会"到"国家"的过渡，原则上与柏拉图那里从"最初城邦"到理想城邦的过渡就一样了。随着统治阶层的出现，法律不再自动地运行，而是作为自觉意志——统治者意志——的对象。

对黑格尔而言，"绝对伦理"是意志行为在实现法律的过程中所朝向（而非仅仅被其规定）的东西。但他并没有问问自己，这一行为到底属于统治者还是被统治者。如果是后者，"市民社会"就为其实施提供了充足的条件，而不需要国家；只有伦理意志被默认为是统治者意志之时，国家才成为实现它的必要条件。

黑格尔的整个国家理论都依赖于这一默认。它已经蕴含在黑格尔对警察（Polizei）①和同业公会（Korporationen）②这两个制度的刻

---

① 参见《法哲学原理》，第 231 节以下。黑格尔在宽泛的意义上使用这个词，它包括（236 节补充）提供公共服务和照料公共卫生。

② 《法哲学原理》，第 250 节以下。与公会不同，它们并不将雇主排除在外。

画中。黑格尔在这两种制度中看到，"市民社会"领域自身之内预示了"绝对伦理"，从而为过渡到国家做准备。警察的职能在于：维持秩序①，惩罚犯罪②；对经济关系进行一般性的监督和控制，比如对开放市场中出售的商品进行监督③，为那些由于偶然性或疾病而不能通过开放劳动市场的正常渠道来分享普遍财富的社会成员提供特别服务④等。所有这些活动意味着，让法律成为理性和意愿实现的对象。如果某种秩序得到了实施，实施的主体起码得知道他正在实施的秩序是什么。像黑格尔指出的那样⑤，对消费者和生产者经济关系的干预意味着，支配他们活动的秩序由于这一干预（比如对供需法则的干预）就不再是自动和未被意愿的，而成为自觉意图的对象。但是这种对普遍的了解和意愿只在那些实施这种管控的人那里，根本不在服从它的人那里。

上述内容某种程度上也适用于同业公会。个别成员纯粹的经济活动只对自己特殊的目的有自觉，对那些错综复杂的联系并不自觉，后者将其利益与他人利益相联结并由此决定了其本人活动与他人活动的关系。在这方面个别成员极其类似于柏拉图"最初城邦"中的工匠：他的视野限制在对质料的赋形，从而不能将其技艺作为

---

① 《法哲学原理》，第 231 节。
② 《法哲学原理》，第 232 节。
③ 《法哲学原理》，第 236 节。
④ 《法哲学原理》，第 237—238 节。
⑤ 《法哲学原理》，第 236 节。

某种质料的形式加以反思，而正是这种形式决定了不同技艺之间的关系。共同利益的纽带决定了某一行业个别成员的行为，甚至在其并未认识到这种共同利益的情况下。而它在"同业公会"中则成为自觉意识和有意促进的对象。因此如黑格尔所说①，在"同业公会"中经济法则对特殊活动的自动调控被某种自觉的控制取代；这种普遍之物或秩序不光得到了实现，而且还成为意志的对象。这一意志意愿普遍之物从而是自由的。但是同样，它是管控者而非被管控者的意志，即它是统治者而非被统治者的意志。②

有一个过程对黑格尔而言极其重要，它体现了"市民社会"和"国家"的典型差异，从而使在前者中自动运行的普遍之物或法则成为后者中自觉目的的对象。这就是个体的教育或"塑形"（Bildung/formation）过程。黑格尔深受这一点的影响，即"社会"要对个体

---

① 《法哲学原理》，第 249 节。
② 不过这一事实也是对的：同一个个体可以具有工匠和公会成员这两种身份。就他是工匠而言，他的目光固定在特殊之物上，其活动被经济法则决定，其享有的只是"经济"意志的自由；而**作为**公会成员，他获得了将法则作为目标的"伦理"意志的自由。但他**并不是**通过服从这一法律而获得的这种自由，而是通过执行、修正和控制它。

　　非常重要的一个补充是，在将统治者和被统治者这两种能力设想为可以统一到某个个体中，黑格尔的公会学说是对柏拉图相关学说的重大推进。似乎柏拉图也让"最初城邦"的工匠具有灵魂（περιαγωγή τῆς ψυχῆς）的能力，从而可以让其从技艺对象中解放出来理解以技艺本身作为质料的形式。如果柏拉图这么做了，统治阶层就没有必要被引入了（参见本书第一章，前文第 28 页）。

　　正像我说的，黑格尔并没有成功将公会中的这一原则拓展到政治领域中：统治者和被统治者的能力应该统一在同一个个体中。

施加规训,个体有必要服从这一被赋予的"塑形"。① 这一塑形② 并不是该社会成员给自己设定的目的,他唯一自觉的目的就只是挣钱谋生。但为了达到这一目的,他就必须将其作为必要的手段:自身为了适应社会的需要而服从某种普遍的标准。他必须首先获得某种技艺来生产符合一般需要的商品。这意味着他必须让自己的官能接受普遍的塑形(mould),从而让其行为不再受个人动机而是客观标准的引导。只要而且恰恰由于他致力于技艺的运用,他的活动就不受私人冲动的引导,而是受到技艺必然性和市场需求这种与其同行普遍共有之标准的支配。甚至为了获得个人成功,他必须超出技艺活动,放弃私人任性和自我中心,服从身边的社会惯例。

当个人服从的这一"普遍之物"成为理性对象和意志目的,及其塑形的过程被有意识地引导之时,国家就开始现身了。自觉的控制已经成为"市民社会"中某些制度的特征,从而预示了"绝对伦理"的实现。"警察"③和公会④旨在为其所照料的人提供社会或技术上的培训。在国家中,从单纯社会或技术性的服务拓展到了对公民的整全教育。对黑格尔而言,几乎所有的**政治**制度的主要目的都是促进被统治者的**塑形**。⑤

---

① 值得注意的是,在《精神现象学》(1807 年)中最符合"市民社会"的社会阶段被称为"教化领域"。
② 以下特别参见《法哲学原理》,第 187 节。
③《法哲学原理》,第 239 节。
④《法哲学原理》,第 252 节。
⑤ 详见本书后文第 168 页。

我们这里再次提示一下，这一自觉的教育控制，作为国家的特征，尽管使得对目的的理解和普遍的意愿成为必要，但这种必要仅在教育者那里，而不在被教育者那里。

意志朝向普遍之物是国家的特征，而它只有以其他没有朝向普遍的意志为质料才能得到实施。只有在某些人容易陷入失序之时我才要维持秩序；只有在某些人未受教育的情况下我才要教育。早在对"市民社会"的分析中，黑格尔就已经引入了两个**等级**（class）的划分，一个等级是指那些意志朝向特殊之物的人①，另一个则是指"普遍等级"②，即那些意志朝向普遍之物，从而免受经济需求必然性支配的人。③

如果这一"普遍等级"实施的伦理意志只是让被统治者接受法律的话，这一区分并没有必要让"社会"过渡到国家。而当黑格尔之后立即赋予这一等级的普遍意志以调控社会秩序的职能时④，这种

---

① "产业等级"，《法哲学原理》，第 204 节。
② "普遍等级"，《法哲学原理》，第 202、250 节。黑格尔还加上了农业等级（第 202 节），这里省略不谈。还需补充的是，尽管我通篇都将"class"这个词当作最接近德语"stand"一词的对等物，但我仍然怀疑二者是否可以完全等同。相比于"stand"，"class"似乎包含更强的世袭关系，但我希望读者暂不考虑这一层意义。
③ 《法哲学原理》，第 205 节。
④ 《法哲学原理》，第 205、303 节。当然，黑格尔并没有**认识到**，在赋予"普遍等级"某种调控的职能之时，他赋予的并不只是某种"伦理意志"，因为社会中的主体就已经具有了这一意志。这是贯穿在黑格尔关于这一观点的政治哲学中一个容易混淆的例子。黑格尔并没有看到，理性主义在特殊和普遍之间的对立并不是柏拉图式的；前者是主体中经济意志和伦理意志的对立，而后者则是被统治者意志和统治者意志的对立。

活动却只有在国家中才能实施。

只要"对普遍之物的意愿"不再意味着被统治者的伦理意志，而是被默认为统治者的意志，致力于经济活动与致力于伦理活动这两种等级的区分才能成为被统治者与统治者的区分，而这才是"社会"之所以向国家过渡的本质所在。

这一"对普遍之物的意愿"尽管仍被称为"伦理意志"，却不再是公民在私人场所实施的行为，而是公共服务人员通过公共能力而施行的行为。① 只有这一管理等级**才是**国家，而且只有这一等级的成员才能真正被说成"在国家中生活"。因此，这一国家学说，不同于社会学说，几乎完全② 关注这一等级的组织以及管理权力的分配。③

根据上述所有内容得出的结论如下：如果伦理意志等同于统治者意志，国家的确就会成为它被实施的必要条件，但它的实施也就

---

① 重点参见《法哲学原理》，第 157 节，第 174 页，特别是这句重要的话："……在实体性的普遍物中，在致力于这种普遍物的**公共生活**中……"；亦见第 303 节，第 327 页："普遍等级，更确切地说，在政府中供职的等级……"；第 310 节，第 321 页："官职的职能"与"国家的职能"是同义的；第 302 节，第 321 页："国家政府的意愿和主张……"

② 不是完全，而是几乎完全，参见后文第 168 页。

③ 见《法哲学原理》，第 269 节，中文版第 268 页："（国家机体的）被划分的不同方面就是各种不同的**权力**及其职能和活动领域……；这种机体就是政治制度。"这意味着，"国家机体"等同于政府组织。

以恰恰相同的方式，柏拉图的理想城邦学说，不同于对"最初城邦"的刻画，完全关注统治者的组织。（他对被统治者阶层是如此忽略，以至于甚至有可能提出这样的问题：其构想的理想城邦到底是不是共产主义的组织！）

限定在了非常有限的一群人上。只有在他们的意志中，"绝对伦理"才能被实现；也只有他们才拥有充分的伦理自由。① 而且这一自由的拥有和伦理的实现要预设另外一群人的存在，他们被排除在外从而不能享有二者。

但像我们之前看到的那样，如果黑格尔没有做出这一等同，他就根本没有理由从"社会"过渡到国家。

黑格尔从"社会"向国家过渡蕴含着柏拉图主义的要素，对这一点的强调几乎是多余的：它原则上与柏拉图从"最初城邦"到理想城邦的过渡一样。首先，"普遍等级"对应于柏拉图的护卫者阶层。② 社会将这一等级包含其中，这就立马使其从市民或经济社会转

---

① 在黑格尔早期的一部政治作品中，这一统治等级被称为"自由等级"，《论自然法的科学探讨方式》，拉松版《黑格尔全集》（第七卷），第2版，第375页。中文参见《论自然法》，朱学平译，北京：商务印书馆，2021年。

② 这一阶层的本质特征在于，它使其活动的目的成为普遍的（《法哲学原理》第303节），而目对黑格尔而言，由于对普遍之物的知识和意志是思维这一官能的现实化（第4节补充，第12页："意志是……作为达到定在的冲动的那种思维"；第308节附释，第326页："作为能思想的人，他又是普遍物的意识和意志……"），这一阶层就必须既享有柏拉图笔下统治者的智慧德性，而就其作为"普遍性等级"的军人而言，又要享有辅助者的勇敢德性（第327节补充，第343页）。到目前为止我一直关注的是这一本质性的要点，即黑格尔与柏拉图的政治哲学，就二者都将统治阶层从被统治阶层中分离出来这一点而言，它们是一样的。但是我们必须注意到，黑格尔的统治理论在某些重要的方面是超越柏拉图的，而所有这些方面都旨在跨越柏拉图在统治者与被统治者之间建立的鸿沟。（1）黑格尔的统治阶层是官僚制，而非贵族制；进入它并不是只靠出身，**它向才能开放**（ouverte aux talents），因而也对那些出身于被统治阶层的人开放（参见第291节）。(2) 黑格尔坚持统治职能专业化的重要性，将其视为**有机统一体**的本质要素。而这种专业化在柏拉图笔下的统治阶层组织中是没有的（除了将护卫者分为 [转下页]

变成为政治社会。其次，对黑格尔和柏拉图而言，由于统治活动是政治社会的典型特征，政府的运行和政府权力组织就成为政治哲学（而非社会哲学）的首要对象。① 最后，二者都认为，政府施加在社会组织之上，而这种社会组织在政治社会中仍保持为被统治阶层的秩序②，统治意志活动将其作为质料而作用其上。

统治者和被统治者这种阶层上的区分是黑格尔国家哲学中残存的柏拉图主义。国家作为非时间之过程的产物，这一过程的不同阶段是逻辑次序上的关系，这是其形而上学中残存的柏拉图主义。因此黑格尔的形而上学和政治学说似乎存在必然的关联。

如果我们问，根据黑格尔的学说，"市民社会"与国家到底是什么关系，回答应该有两方面。(i) 它们是非时间的辩证过程的不同阶段，即它们并不处于空间或时间这样的现实关系中，而是作为形而上学区分的结果，只能是**逻辑上的**先后关系。柏拉图将"最初城邦"到理想城邦的过渡刻画为时间上的进程。如果我们认为这种刻画只不过是神话，代表城邦从质料到形式这一只能从逻辑上才可区分的先后阶段的话，我们就可以将黑格尔的上述学说看成是柏拉图式的。③

[接上页] 统治者和军士这唯一的区分之外）。黑格尔对此的引入非常重要，因为它将劳动分工的原则拓展到了统治集团上，而这一原则在柏拉图那里必然限定在被统治阶层的经济秩序上（参见第 290 节）。

① 参见本书前文，第 162 页注释 2（中文版，第 161 页注释 3）。
② 黑格尔在第 314 节将他们称为不参与国家行政的"市民社会成员"，参见第 330 页。
③ 参见上文，第 142 页。

但是（ii）人与法律之间如果是质料与形式关系的话，这就排除了在法律被赋予之前**历史**上存在某种社会状态的可能性（因为不存在无形式的质料），因此必然会导致这一结论：前－政治的社会状态与国家之间只能是逻辑上的先后关系。而这一观念恰恰就是国家不同阶层之间得以区分的根据。**因为**人与法律之间是质料与形式的关系，**所以**赋予（或重新赋予）形式的工作必须在统治者与被统治者之间进行，就像工匠与质料的关系那样。黑格尔和柏拉图都不得不将这一形而上学区分的每一项都具体化为现实国家中的一个单独阶层。①这些**阶层**彼此并不处于观念的关联中，也不是单纯形而上学区分的产物；相反，它们在时间上共存，在空间上并置，并受统治与被统治的现实关系的约束。

进一步推进上述研究超出了这里的主题和笔者现有的能力。不过与此相关，我们现在回到本章一开始对霍布斯的讨论。霍布斯的独特之处在于，他的确赋予人类的前－社会状态某种超出单纯逻辑优先性的东西，以及他对国家生成的描述也不单纯是披着神话外衣的形而上学分析。自然状态被赋予现实的时间优先性，这相当于否认了在国家之外人仅仅是等待赋形的质料这一前提，同样也否认了在国家之内人与统治者之间是质料与工匠的关系这一意涵。他坚称，国家不能被理解为逻辑的产物，而是被理解为历史发展的产

---

① 黑格尔"市民社会"一词不仅指国家发展过程中某个观念性的阶段，而且还指由其中的人格构成的现实阶层。参见本书上文第163页注释3（中文版第163页注释2）。

物，其中有些阶段是过去 – 历史上的时期，这种坚称①似乎就没有必要再将公民之间的不平等视为国家的本质内容。尽管仍然存在不平等，但那不是同时代人或**阶层**的不平等。不平等出现在国家公民与未开化的前辈之间，而不在国家公民与其未解放的（unenfranchised）邻居之间。

国家应该被理解为自然状态在时间序列上的产物，这一点隐含在霍布斯的学说中。与其形成对比，黑格尔学说则认为，自然状态只能被理解为逻辑发展的产物，因此在这一点上黑格尔的观点毫无疑问是柏拉图式的。但他在形而上学方面超越柏拉图的地方就在于削弱了这一对立。首先在于，不同于柏拉图，黑格尔的理念是"辩证的"，亦即自然状态包含自身发展的动力因。而且这一发展**不是历史的**，因为它是非时间的。其次在于，对柏拉图而言，所有过程都外在于"理念"，而黑格尔在这一点上认为这一发展内在于理念，从而更加接近历史。

当然，我并没有将霍布斯当成典范，从而认为黑格尔只是隐约接近了他。他的确抓住了时间序列这一重要因素，黑格尔辩证法中没有这一点；但他在抓住这一点的同时也排除了其他所有东西。时间次序**并不等**同于历史发展，尽管历史发展不能没有时间次序。霍布斯认为，有时间相继但没有发展（conceives succession in time without

---

① 当然，我的意思并不是说霍布斯将历史上在先的东西视为国家形成的条件这一描述是对的。

development），而黑格尔则认为，有发展但却没有时间（development without time）。

欧洲哲学中几乎所有非希腊要素（即几乎所有与古希腊哲学以及特别是现代哲学相对立的因素）都来源于基督教启示。通过时间上的历史来解释某种东西，这一完全非希腊的观念也是由基督教启示引入欧洲哲学中的。经验主义哲学在这里的工作与在别处一样，固守基督教教义的真理（或某些真理）以避免陷入过于轻率的理性化这种危险中。与在别处一样，黑格尔哲学的典型特征体现在，它超越古希腊立场之处在于对基督教要素的吸收，而没有超越古希腊之处则在于不够基督教化。

让我们从上面的离题回到本书第164页已经得出的论点上。我们可能会问，什么使得黑格尔本人坚持的学说与柏拉图的学说构成了持续的争执，从而在国家中实现的伦理是建立在主体自由的基础上，而在城邦中实现的伦理就不是？这一学说会随着我们到达国家这个层级而销声匿迹吗？那些"主体自由"一直被限制在"市民社会"这一理想的阶段吗？它们并不能通过国家中主体实施的权利而得到真正的现实化，也没有反映在政治体制中的某个具体组织中吗？

毫无疑问，由于"市民社会"组织在国家中作为一个等级组织被保留了下来①，而且这一秩序是保障经济自由和伦理自由的条件，

---

① 参见本书上文，第163页。

因而这一等级的成员即使到了国家中依然享有这两种自由。但仅仅指出这一点并不能完全回答上述问题。只有当政府尊重并让其构成对权威的限制，这一秩序才能在国家的某个等级中得以保留。因而这一等级的成员享有的并不是政治主体能力上的自由。他们的自由并不是来自对统治者意志的服从，而恰恰来自免于这种服从。而我们所追问的内容是，主体在"市民社会"中的自由是否也可以拓展到他作为政治主体所具有的能力和实施的行为上，这种行为遵守统治者的命令，而不是免于政府的控制。

对此的回答必须是，"主体自由"的学说经过了进一步的转化之后才对黑格尔国家学说产生了影响。我们目前的分析并没有穷尽黑格尔国家学说的所有内容。不同于柏拉图，黑格尔的注意力并没有完全放在统治阶层的组织上，其政治制度的理论也没有完全限定在统治机构上。他明确区分了不同于政府权力的两种要素：君主的[①]和"等级（议会）的"[②]。黑格尔将那些民主机构纳入这一名号之下，即言论自由、出版自由、组织化的公共舆论、议会、政党以及代表等非政府的政治组织机构。它们在柏拉图的政治哲学中并没有对应物。对黑格尔而言，这些机构作为被统治阶层政治自由的条件，唯一的**存在理由**（raison d'être）就在于保证被统治者在"市民社会"

[①] 参见《法哲学原理》，第 275—286 节。
[②] "等级要素（Das ständische Element）"，见《法哲学原理》第 301—320 节。

享有的那些典型自由得以在政治领域中实现。① "社会"主体实现的两种自由的区分,对应于政治自由的类似区分,后者由议会机构加以保障。国家主体享有的一种自由类似但不等于"社会"成员的伦理自由,享有的另一种自由类似但不等于"社会"成员的经济自由。

为方便起见,我们将分别考察政治主体的这两种自由,首先考察类似于"社会"中伦理自由的那一个。不过我们需要记住的是,黑格尔本人并没有区分主体的"社会"自由和"政治"自由,或者将二者区分为不同的种类。②

(i) 等级制度作为某种条件来确保的自由类似于国家主体中的伦理自由,因为等级制度作为中介,不仅可以使被统治者知晓政府所采取的步骤和决定,而且也使他们理解政府这么做的原因从而获得启蒙。③一旦被理解,等级制度就不再具有命令的任意性;被统治者将其作为合理和内在的而加以接受。对它们的理解④和自觉接受所

---

① 或者如黑格尔在《法哲学原理》第 314 节所表达的那样:"不参与国家行政的市民社会成员"(中文版,第 330 页),参见第 303 节,中文版,第 322 页:"私人等级(与普遍等级相反)在立法权的等级要素中获得政治意义和政治效能。"
② 我将政治主体活动区分为"爱国的"意志和"政治的"意志两种,分别类似于"市民社会"成员中伦理和经济的意志。
③ 参见《法哲学原理》,第 314、315 节、第 315 节补充以及第 317 节。为了保证达到这一目的,等级会议中的辩论必须是公开的。
④ 我可能得补充一点,黑格尔的确认为,这种理解对国家中的第三或农业阶层也是必要的(参见上文第 160 页注释 5 [中文版第 160 页注释 2])。我在说爱国的情绪应该以自觉认识为基础这一点的时候,我没有将这一阶层考虑在内。对于这一阶层而言,爱国情绪建立在**信念**基础上。但对产业阶层而言,认识上的自觉是恢复它的必要条件,即该阶层只有摆脱了朴素信赖它才能出现。

导致的情绪被黑格尔称为"政治情绪（politische Gesinnung）"或爱国主义①。因而这种理解成为政府执行活动②及其被统治者服从时所享有自由③的条件。

很明显，它非常类似于主体伦理自由的那种学说，"市民社会"用来提供满足这种伦理自由的条件。黑格尔在任何地方都没有表明二者不能等同。④我们需要探究一下在多大程度上这一等同是合理的，而在多大程度上二者被混为一谈了。

伦理意志的对象是理性和普遍的。只有当某种法律体系可以通过思辨理性从逻辑原则中推论出来或（如黑格尔所说）"从概念中"推导出来，它才能宣称被这种意志接受。历史上的某个国家，作为时间和空间上偶然、具体的体现，并不是理性的对象，而仅仅是历史知识的对象。⑤因而，不是历史上具体的国家，而是对国家的普遍规定才是自由主体意愿的对象。

黑格尔在国家内区分了本质性和偶性的东西，而且宣称前者展现为辩证法的必然发展。这样他就能够将对主体伦理意志而言的同一个

---

① 《法哲学原理》，第 268 节。
② 《法哲学原理》，第 289 节。
③ 《法哲学原理》，第 268 节。
④ 《法哲学原理》，第 317 节补充：用来证明言论自由的那些语言非常类似于用来证明"市民社会"主体真正具有的伦理自由的语言。它是这样开始的："现代世界的原则要求每一个人所应承认的东西，对他显示为某种有权得到承认的东西。"（中文版，第 334 页）还有，等级会议程序与法庭运用市民法的审判程序二者之所以要求公开性的理由是一样的（可比较第 14、224 节）。
⑤ 参见上文第四章，第 117—118 页。

权威拓展到国家的本质机构中。没有后者，国家将不会成为国家。这种权威建立在同样的可能性上，即它们都可理性演绎出来，这一点他的理性主义前辈将其限制在自然法或"社会"的市民法中。在这一基础和这一意义上，他可以坚称国家主体具有伦理自由的可能性。

但很明显，等级会议并不适合提供满足这一自由的理性条件。如果黑格尔本人保持一致的话，洞察到国家本质性机构的理性必然性，需要的并不是阅读期刊和观看辩论，而是刻苦研究**《法哲学原理》**。而以这一哲学理解为条件的伦理情绪也不等同于爱国主义情绪。一个为普遍之物激发，另一个则被个别之物激发；后者依赖的那种历史特殊性与前者并不相关。

根据黑格尔学说，只有当"从概念中"派生的可能性消失而法律开始成为真正意义上的**实证**之时，爱国主义才会出现。爱国主义体现在对具体规定的接受上。这些规定只能得到历史解释，而不能得到哲学解释。它们是必然的，而不是任性的；但这种必然性的意思并不是指它们蕴含了国家概念，而是指它们被此时某个特殊国家的现时利益所要求。政治家凭借前见将这种必要性视为国家之权宜行事，而且政治史家凭借事后回顾将这种必要性理解为处于时间进程中的诸事件。而这种必要性也构成了被统治者需要从等级会议的公开性中获得启蒙的唯一必要性。

假如从隶属于普遍规定可能性之下的这些具体政策中我们可以识别出某种历史理性，且这一理性可以通过等级会议被政治主体所理解，从而将国家利益等同于对具体情境所要求的东西的自由意愿的话，这一点也依然混淆了爱国意志和伦理意志，后者是对另外一种完全不同的理性之认知的回应。①

只有通过这种混淆，黑格尔才能同时坚持下面两种立场：国家可以从理性必然过程中哲学地推导出来，与某个历史国家中的主体并没有一个超时空的标准来对之加以判断。对这两个立场的结合几乎可以称为黑格尔整个国家哲学的内核。每一个都是柏拉图式的；但黑格尔已经放弃了柏拉图的前提，只有这一前提才能使这两个立场得以融贯。如果国家被理解为具有形而上学的根据，而且被哲学理性把握为蕴含在事物的永恒本性当中，这一形而上学的根据就立马证成了某个现实国家对被统治者宣称的权威和某个特殊国家被判断为完美与否的标准。但只有一个理由可以让被统治者不能享有判断的标准，即他不能运用哲学理性，因此在等级上次于拥有它的人。这样，通过把主体被赋予的洞见从哲学理解降低到历史理解这种显而易见的托词（前者蕴含着超时间根据的指向，而后者没有），他就能够避免理性主义前辈②得出的结论，即任何主体都能获得某种超时间的标准来评判所属的国家。

---

① 这一段可以体现出这种混淆："开放这种认识的机会具有更普遍的一面，即公共舆论初次达到真实的思想并洞悉国家及其事务的**情况**（Zustand）和**概念**（Begriff），从而初次具有能力来对它们做出更合乎理性的判断。"（《法哲学原理》，第 315 节，中文版第 331 页）等级会议的公开性当然可以让主体知道国家的历史情况或境遇，但很难知道国家的逻辑概念。

② 那些"启蒙"哲学家。

大多数对黑格尔的传统批评都是接受第一个立场，并以此来否定第二个。主体将哲学思辨揭示的永恒理性视为本质根据并认识到其所具有的约束性权威，这一点无损于人的尊严。但他将类似的权威也赋予历史过程中出现的时间性力量，这似乎是对人类道德自主性的舍弃。接受这一立场自然意味着回到了理性主义的观点，即国家（不同于"市民社会"）根本不能被理性把握。

然而，在这两种不兼容的立场中，后者才蕴含着新真理的萌芽，前者只不过是旧真理的空壳子而已。解决这种矛盾的方式是抛弃前者，而不是否定后者。只有当它被排除在哲学（拥有哲学构成了柏拉图笔下统治者的优先地位）这种更高理解的情况下，限制在对国家的历史理解之中才算是一种贬低。黑格尔保留了对国家这种更高或哲学理解的信任；但他没有赋予统治者阶层以更高的地位，从而构成了其不一致之处。《法哲学原理》与其说是政治家的指南，倒不如说是被统治者的情报（intelligencer），因为统治者只能靠历史情境这种时间必然性来指导他的政策。

只有职业哲学家才具有关于国家更高的哲学理解，从而通过比较来贬低关于它的历史理解。统治者不需要对国家本性的这种理解来指导他的政策，被统治者也不需要它来保障自由。它如此无用，肯定会唤醒人们对其卓越性的怀疑。它真的是统治者统治得好和被统治者自由遵守统治的条件吗？紧跟这一怀疑而来的是这一信念：关于国家的整个辩证法或形而上学演绎必定错失了国家的真正本性，哲学家真正的任务反而在于使政治家成为统治者以及使被统治者得以自由的历史理解。①

不过对黑格尔而言，等级会议除了对历史理解的启蒙从而激发爱国意志之外，还有另一个功能。

---

① 为了避免有可能引起的误解，我这里补充两点评论。(i) 如果国家的本质有可能从逻辑中演绎出来，那么历史理解就必定局限在国家的偶性上。人们很难意识到：一旦这种逻辑演绎不可能，历史理解就会从上述限制中解放出来。我们过于轻易地就接受了这一结论，即历史理解尽管被承认是我们可以进行的唯一理解，但仍然是局限在对国家偶性的理解上；因而逻辑幽灵仍然让我们不敢离开逻辑曾经统治的领域。只有当历史理解本身占领这一荒废领域的时候，才能摆脱这种局限在国家偶性上的限制。如果我们拒绝了国家的"思辨"演绎，只留下对它的历史理解，我们并不会陷入这一结论：这一理解只能局限在被黑格尔排除在思辨演绎之外的那些国家要素上。"抽象法""道德"诸如此类的演绎阶段并没有作为与对国家历史理解无关或者人类理性无法达到的东西而被简单抛弃，而是被理解为它们自身实际上之所是的历史现实（"抽象法"对应罗马法体系，"道德"对应路德宗的虔敬派）。被抛弃的只是逻辑必然性的伪装。而一旦做到这一点，历史理解就已经扩展到了国家的本质中。

（生物学领域可以解释这一点。当生物学成为进化的，在这一学科中发生的历史理解也经历了类似的拓展。只要物种本质上被认为是非时间的，那么它就是非-历史理解的对象，自然**历史**就被限定在非本质性的东西上。而物种并非不变这一发现并不会将生物学永远限制在对非本质东西的历史理解上；相反，物种本身是时间发展的产物这一认识恰恰将历史理解拓展到了曾经作为非-历史理解的那个本质领域。）

我们可以从国家被统治者的视角来类似地看待这一问题。如果国家的法权可以从道德律这样非时间性的标准中演绎出来，那么他的历史理解只能局限在国家权力（power）而非法权（right）的起源上，而且要求对国家的遵从建立在这种理解的基础上是对其作为道德存在者所具有的尊严的侮辱。但如果道德律这一观念本身被发现是历史发展的产物（我们可以说，它是基督教伦理融合罗马法体系的产物），那么这种历史理解就会扩展到国家正当性的起源上，而不仅仅局限在权力的起源上。

只要国家共同具有的这些因素，像黑格尔认为的那样是非时间性派生的结果，从而历史理解被限定在个别国家相互之间的差异上，那么建立在个别国家之上的爱国主义就必然是狭隘和国家的，而且它必然或可以与伦理情绪构成矛盾，后者建立在对普遍法（jus gentium）非-历史性的理解上。如果发生了这一冲突，那么爱国主义（转下页）

176　　正如在"市民社会"中市民法体系既提供引导伦理意志的普遍对象,又提供特殊欲望不受妨碍得到满足的私人财产制度,国家中的等级会议不仅具有引导个人意见的功能,也具有为未被引导的个人意见提供表达渠道这一另外的功能。它们不仅通过将其纳入普遍塑形中从而使其意志成为一般的,也为特殊意志的发声提供自由场所。因此公共舆论的自由,其组织为自由言论和出版自由机构,就包含了"想要说话以及把话说了那种刺激性的冲动的满足"。① 公共

(接上页)的情绪就是非道德的,而且会产生反对黑格尔的某种偏见。黑格尔认为在这样的冲突中爱国主义必须而且应该战胜伦理情绪,而我想到的反对者则会坚持相反的论点:伦理情绪应该战胜爱国情绪。这两种对立的观点都不正确。但黑格尔的观点代表着某种真理的来临,而这种真理从来没有出现在其反对者的视野范围内。它就是:唯一正确的理解是历史理解,而只有建立在其基础之上的忠诚才是真正的忠诚。黑格尔的失败并不在于认识到了历史理解的优先性,而在于对这种理解进行了限制。他尽管暗示了非－历史理性的无效,但他仍然尊重它所在领域的完整性。排除在"法"和"道德"普遍原则之外的某种历史理解是狭隘的,而建立于这种狭隘历史理解之上的爱国主义也必定是错误的。而对其狭隘性的修正就是拓展它。当"法"和"道德"本身被理解为历史发展的产物之时,历史理解就摆脱了对个别国家特殊之物的限制,而建立于其上的忠诚就超出了国家的爱国主义,从而最起码可以拓展到整个基督教世界及其文明。

（ii）历史理解并没有排除全部批评,而仅仅排除了诉诸某种标准的批评,这种标准被设想为目的或本质,可以脱离具体对象而加以定义。换言之,它排除的是我们用来评判有用的（useful）艺术作品的标准,因为我们用它们服从的目的或意图这样的概念来评判它们;但它并没有排除我们用来评判美好的（fine）艺术作品的那种批评。在后一领域,运用所批评作品之外的某个标准,将其设想为可以脱离展现或表现（performance）,已经被认为是批评的坏品德;而没有这种运用的话批评也仍然是可能的。哲学上要求的这一变革已经发生在生物学和艺术批评领域中了。

① 《法哲学原理》,第 319 节。

舆论提供了个人所享有的"形式的、主观的自由"，使其"对普遍事物具有他特有的判断、意见和建议，并予以表达。"① 这种意见的表达，无论以公共的形式还是在等级会议中，都不具有可以影响到公共决策的效果。② 相反，它唯一的正当性就是它没有任何效果。黑格尔将其比作罗马士兵在凯旋游行时可以对将军进行讽刺，他们"由于经历艰苦的服役和纪律，……使自己跟这些大将军们保持一种平衡。"③ 国家中某些机构，赋予被统治者类似的许可，就相当于安全阀④：它们给了被统治者通过言论发泄法律所压抑的个人情感的出口。如果没有这种出口的话，它们就只能通过违法行为加以发泄。

黑格尔用"主体自由"⑤这个惯用词来命名这一许可，而且也将惯用的评价赋予它，即它符合"现代世界原则"的要求。⑥ 不过，它与上文我们区分的任何一种自由都不一样。这种"政治的"意志与"爱国的"意志的区别，一方面类似于经济意志与伦理意志之间的区别；另一方面，"政治的"意志并不被事先的理性行为所规定，而是特殊欲望的直接迸发。但它也不是经济意志。它在实施过程中并未展示出任何类似于经济法则那样的规则；而且更重要的是，它也没

---

① 《法哲学原理》，第316节，第331页。
② 《法哲学原理》，第314节。
③ 《法哲学原理》，第319节附释，第337页。
④ 《法哲学原理》，第317节补充。
⑤ 《法哲学原理》，第316节。
⑥ 《法哲学原理》，第317节。

有像经济意志那样①，遵守某种支配性的法则。

这样，黑格尔至少将五种不同的实践活动列入国家"主体自由"这一名号之下：统治者的意志和被统治者伦理的、经济的、"爱国的"和"政治的"四种意志。如果**所有**这五种都是"伦理的"，那么"伦理的"就是指国家中被允许的任何实践活动，因此无法界定其中某一种活动的具体特征。如果"伦理"在最严格意义上被界定，即符合它的那些活动被某种普遍法则的概念所规定从而遵守它，那么它就只能适用于上述被统治者的伦理意志，或者就其被政治必要性之外的其他原因规定而言，也适用于统治者的意志。如果伦理的定义可以宽松到用历史理解取代普遍法则的概念，那么这一术语的意涵可能会包括"爱国"意志和统治者的其他活动。如果它再进一步宽松从而能包括所有符合某种法则的活动（无论是什么法则），那么它将包括经济意志活动。但是我并没有看到它如何能涵盖"政治"意志时，还保持"伦理"的定义。

柏拉图城邦中并没有这种政治意志的雏形。他笔下的统治者和辅助者的意志分别预示了黑格尔意义上的统治者意志和伦理意志。甚至如果我们并不那么遵守柏拉图所说的，第三阶层的经济活动就可以看作经济意志的起源，因为它符合法律秩序这一条件。但政治意志并不服从这种秩序。按其本性它违背正义，只能体现在内乱 (Stasis) 中；后者按其定义是对统一体的破坏，而这种统一体才是城

---

① 参见上文第四章，第130页。

邦的本质和"德性"。

黑格尔承认国家中有这种意志的时候,带有明显的不情愿。当谈及这种意志之时,他的语言显得粗糙,而且当他努力保证言论表达尽管有自由但却完全没有实际效果的时候,他神经质般的谨小慎微让英国人发笑。尽管如此,光是承认了这种意志也构成了重大意义,因为承认它就意味着给它赋予某种价值,从而认识到了意志具有除了遵守理性之外的某种价值。

统治者与主权

古希腊人将理论活动视为最高的活动形式,而将工匠(Demiurge)运用的技艺活动视为最高的实践活动形式。工匠这一活动的本质特征在于 (i) 它是有目的的;(ii) 它是赋形的。

(i) 工匠受到某种形式的规定,这种形式构成其活动的目的和产品的本质。这一形式事先被理论理性的行为所把握,工匠的生产活动必须将其视为目的从而完全被其决定。我们很容易看出,古希腊人为什么将这种行为视为最高形式的实践活动,因为在这种行为中意志完全服从于理论理性并为其所决定。

(ii) 工匠的活动局限在为既有材料赋形上。这一限制可以直接从第一点推论出来。因为如果这种活动的实施完全受理性的支配,它就应该被限制在对可知之物的实现上,而只有形式才可知,质料则不是。

神必须被赋予最高的活动形式。因此古希腊哲学中的神,其本质就在于理论理性活动。如果谁否定实践活动具有神圣性,他就是否定神的行为可以作为世界的动力因。他的活动完全朝向自身,他仅仅作为不动的动者或目的因而使世界运动。

但古希腊哲学并没有完全停留在这一结论上。神也被赋予了某种实践活动①,从而被设想为世界的动力因。我们关注的是,神被赋予的这一活动恰恰就是古希腊人所设想的最高的实践活动,即工匠的活动。他通过将形式赋予质料从而使其得以现实化,但无论是诸形式还是体现它们的质料,都不是这种活动的产物。

基督教将上帝作为**造物主**,这一学说非常不同于古希腊人秉持的神圣活动观念。二者的不同并不在于:是否赋予神某种实践活动并且作为动力因与世界发生关系。神作为工匠这种观念就到此为止了。二者真正的不同在于它们赋予神这种实践活动的本质上。

上帝的创造活动摆脱了工匠活动受到的两个限制。它既不受既定质料的限制,也不受既定形式的规定。它对前一限制的摆脱已经得到了广泛承认,因为质料本身也是从虚无中创造出来的(ex nihilo)。我们这里更加关注后一摆脱。如果形式与其实现并无明确的区分,那么创造行为就不可能需要由被把握的目的事先规定,因而这一实践活动也就不可能事先受到理论活动的规定。换言之,创世论意味着实践活动神圣而至高的形式并不受理性的规定。

同样的意涵也蕴含在上帝作为命令者这一与之密切相关的观念中。神法是道德律令,并不朝向任何目的的实现因而其实践活动也

---

① 参见柏拉图的《蒂迈欧篇》。

不受理性观念事先决定。

现代政治理论的典型特征①都起源于基督教神圣活动的学说。特别是，主权观念就起源于此，它逐渐取代古希腊将统治者作为政治社会至高权威的观念。

对柏拉图而言，统治者的活动是唯一实现全部德性的活动；而且它作为最高的人类活动，分享了神的活动之本质。像神一样，统治者也是在纯粹理论活动中达到本质的完美实现，而且当他放弃了这一至高层次退而从事统治工作的时候，他从事的实践活动就类似于神作为工匠的活动。

亦即，统治活动既是有目的的，也是赋形的。从这两个特征中，我们都能推论出关于柏拉图政治理论的一个重要特征，从而将其作为其必然结论。

(i) 统治活动是有目的的，即它被作为目的的形式引导，而形式并不是赋形活动的产物。这样我们便可以在由它所创造的国家中区分其本质与其历史偶然性。根据古希腊的哲学观念，现实之物中形式与质料的这一区分就是城邦中之所以会存在哲学的可能性前提。也就是说，它是一种将理性官能摆脱对感性的依赖②，本质对象

---

① 而且还包括现代政治实践的特征。
② 这意味着古希腊人将哲学看作某种演证科学，即结论并不依赖于经验证据的**科学**。一门演证科学（比如欧几里得几何学）多大程度上依赖于感官对象的经验，或者作为理解推理中运用的概念之手段，或者作为持续伴随推理过程本身的解释，这是另外一个问题，并不影响前面的论点。柏拉图和亚里士多德在后面这种意义上讨论理性与经验的依赖关系；但他们都没有质疑推理的结论必须摆脱对经验证据的依赖这一前提。

区分于偶性对象，普遍区分于特殊，可知区分于可感的科学研究。国家作为工匠的工作，就构成了形而上学理论的合适对象，因为在其中形式要素和质料要素这种区分是可能的。

(ii) 它也只是赋形的。赋形概念从头至尾都贯穿在柏拉图政治理论中。**作为**工匠，人的本质活动在于为其质料赋形。**作为**政治被统治者，人们将其自身作为质料而服从类似的赋形过程。**作为**统治者，人们赋予被统治者以形式。统治者和工匠的活动都并不创造出某种东西，它们都是将永恒的形式与既定质料相结合。

我希望表明，现代政治理论的独特发展依赖于创造取代赋形从而成为最高的实践活动这一点。但是我想首先离题一下谈谈这种取代如何影响了现代艺术中的创造观念。

对柏拉图而言，艺术具有的价值恰恰就在于它的非创造性。艺术家的活动只受理性支配，因为它被限制在对理性事先所把握理念的实现上。就像它不创造质料一样，它也不创造理念，而是被限制在对事先把握形式的具体实现上，正像它被限制在对既定材料的赋形上。如果艺术家不能对其工作所展示的理念给予某种解释，这对柏拉图而言，并不是其高于技艺的标志，而恰恰是其技艺不充分的标志。它表明，艺术家并没有在对形式的某种理解下将理念赋予既定材料，而只是在并不知道做什么的情况下对理念的实现。他与铁匠一样，后者在不知道圆的本质的情况下制作出圆规。他成功制作出这样的对象，相比于仅仅为了画出圆形这一明确的目的而单纯设计出它的人来，并没有资格被视为更好的工匠。制作活动的成功不能归之于他的技艺,而是因为机运或神意的干预。事先不能理解形式,事后也不能给出解释,这是大部分我们视之为像诗艺这种最高艺术形式的特征。而这种艺术对柏拉图而言完全是个谜。他要么认为这些艺术家只有靠机运或奇迹才能获得有价值的作品,要么否认他们的作品有任何价值。

但是根据现代艺术观念,不能给出艺术作品的"理由"①这一点恰恰是艺术活动的卓越之处。如果我们将技艺(艺术)分成优美的和有用的、创造性的和机械的,我们就会认识到柏拉图的技艺观适合后者。当然它也真正适合后者。② 工匠根据对所服务目的之事先理解而生产出有用的产品,对这种目的的理解支配其整个活动。这一目的构成被制造物的本质,对目的的理解使本质与偶性区分开来。而柏拉图的技艺观同时也是理想的,仅仅根据这种明确的观念就能使批评者有资格评判某种个别样本的好坏。需要补充的是,这种作

---

① λόγον δούναι.
② 我认为这一断言可以充当解释,但并非完全足够。有用技艺这一观念与优美艺术一样,也经历了转变,工匠和艺术家都不再局限在工匠这一活动中。如同艺术家的技艺隶属于想象活动,工匠的技艺则隶属于经济活动。柏拉图已经认识到了后面这一点,将其称为挣钱活动(χρηματιστική),但却被他错误地当作某种技艺,而它缺乏技艺具有的两个特点,即被赋形和事先把握的理念所支配。相反,它在运作过程中是盲目的,而且对于生产结果是创造性的,即财富的创造。柏拉图根据工匠作为创造者的特征为其在城邦中分配了位置。工匠作为人的职能在于赋予质料以形式,而作为公民的职能则是将自身作为质料服从类似的赋形。所有现代理论,比如马克思主义,都建立在这种修正的观念上,即认为工匠本质上并不在于从事的技术活动,而在于所服从的经济活动。工人的卓越并不在于他是有技术的工匠,而是因为他是财富的创造者。

为目的、本质或理想的可知形式，是种类而非个体上的。

　　上述内容都不适合优美艺术的作品。艺术这个场所中，艺术家并不能按照事先想好的计划行事，而且如果批评者按照不符合个别作品的标准来评价的话就会被认为是不好的批评。其中并不存在作为本质的理念和作为具体体现的偶性这样的区分。①

　　重要的事情在于，优美艺术作品的上述特征由其必然属于创造活动而被视为卓越性的体现。② 创造活动并不被事先把握到的目的所支配，因而在创造作品中本质与偶性也不能加以区分。被创造的作品，尽管可以被批评，但并不是按照脱离其之外的某个标准来进行的。

　　现代艺术观中赋形被创造所**取代**，这种说法严格来说并不准确。更加准确的说法是，赋形隶属于创造。没有哪种人类活动是纯粹的创造。艺术家的任何活动都要求获得并非自己创造出来的某种质料；相对于这种质料，他的活动就仅在于赋形。这种赋予质料以

---

① 能适用这一区分原则的唯一例外是在寓言（allegory）中，因为寓言很明显是艺术的低劣形式。如果尝试将一件真正的艺术作品按照寓言来解释的话，这种评判就会是严重的失误。

② 我认为这两种艺术观的对立主要在于古典派和浪漫派的争论中。也许可以补充一点，这一理念上的变化不仅影响了艺术理论，而且还影响了艺术实践。赋形和创造这两种要素在不同的艺术中以不同的比例加以混合。赋形要素在雕塑这样的艺术中比例最高，而在音乐这样的艺术中比例最低。雕塑和音乐特别属于古希腊和现代艺术创造的典型，这几乎不是偶然的。上述关于技术和想象关系的评论最清楚地体现在绘画艺术中，它处于雕塑和音乐这两个极端之间；而此评论所说的"艺术"是在通常意义上使用的。文学艺术提出了某种特别的问题，因为语言作为作者的材料，并不是自然的材料。

形式就是他的技艺，而这只是其活动必不可少的次要部分。技艺并不会使其成为伟大的艺术家，技艺上的完美也不会赋予产品真正的审美价值。他由于想象活动才成为伟大的艺术家，而且他的作品所具有的价值也是想象活动创造出来的。

值得注意的是，"技艺（technique）"一词来自于古希腊的"Teche"。在其中保留了古希腊理论中蕴含的技艺活动的全部观念。① 现代艺术观念的本质在于，赋形观念（不是被消除，而是）隶属于某种非赋形的创造活动。

政治观念中发生的转变某些方面类似于上文我们刻画的艺术活动观念的转变。后者保留了技艺的观念，而前者保留了政府（government）的观念，但却将其作为政治行动的次要部分，不再是全部。而政府概念几乎构成了柏拉图统治观的全部内容：它是被某种目的所规定并由知识所引导的行为；它是赋形的，并且预设了未参与统治的被统治者群体作为赋形的质料。但二者的相似性也就到此为止了。现代国家中的政府并不像柏拉图城邦中的统治者那样具有最高权威，而是隶属于柏拉图那里没有的某种观念：**主权意志**（a sovereign will）。国家主权意志的存在只是为了使被统治者服从统治者，而所有政府都蕴含这一柏拉图所认为的绝对服从关系。尽管霍布斯认为主权体现在君主或议会中从而将统治者与被统治者的这种关系归为被统治者之间的平等关系，但这也依然适用于霍布斯。统

---

① 尤其是，二者都具有可传授的特征。

治者本身仅仅是主权的大臣或仆人。而当主权被认为在民众中，作为被统治者的主体本人就被视为其所服从的权威之来源。

民主国家体现主权意志的机构就是我们上一章提到的那些典型英国式的组织：言论自由、出版自由、结社自由、普选权和代议制。在英国人的观念中，这些并不是政府机构。它们并不是统治者借以给被统治者施加权力的手段，而是主权借以给统治者施加权力的手段。

主权意志凭借命令立法并建构国家。它展示了创造性意志的两个特征：它并不被某个目的所引导因此并不服从理性；在构建国家时它创造或生产出某种非自然的存在物。①

国家作为主权意志的产物，跟其他创造物一样，也具有这一特征：并不能找到它的本质。它的创建过程并不受任何目的的规定，因此哲学家就不能通过识别出它的本质而理解它，也不能借助它的理念而评判它。由此得出，并没有关于国家的任何形而上学理论，也没有参照某个永恒的标准而形成的有效判断。当然，这并不意味着国家像诗那样可以超越批评和无法理解，只是意味着它仅经受历史的理解并且只接受历史的判断。

让我们回过头来考察一下黑格尔在这一发展上的立场。我们首先必须注意到，他那里并没有国家作为主权意志的创造这一根本观

---

① 主权意志被理解为创造性的，这一点是英国经验论的独特贡献；这两个特征都是霍布斯表达出来的，前者是在他否认主权服从自然法的时候，后者是在他断定国家是"人为"而非自然的时候。

念。对他而言，国家之所以具有主权并不是因为它体现了某种意志（后者高于法律并且创制了基本建制），而是因为它是有机统一体。

黑格尔认为，主权使得国家在对外关系中是一个整体（unit）①，在对内关系中是一个统一体（unity）。② 前者指的是国家独立于任何外在的权力，后者指的是国家高于任何内部的权力。我们主要考察后一关系。黑格尔喜欢将其表达为，国家主权代表了其组成部分的"理想性（ideality）"。③ 我们有必要尽可能清楚地解释这个词的内涵。

这种构成部分的"理想性"是区分有机体和非有机体的东西，将有机体不仅作为部分，而且还作为成员④或官能。官能不同于部分之处在于，其本质与整体相关，而且它只有在整体中发挥职能，自身才能得到完美的实现。整体对构成成员活动的主宰构成了有机体的生命；它的完美实现就是健康，而它的衰弱就是疾病。在黑格尔看来⑤，疾病意味着身体的某部分官能从这种主宰中脱离出来，从而开始了它自身的生命和发展。当这么做的时候，它不仅摧毁了整体

---

① 《法哲学原理》，第 321—323 节。
② 《法哲学原理》，第 276—279 节。
③ 参见《法哲学原理》，第 276 节，第 293 页："国家机体中各个环节的理想性"；第 278 节附释，第 294 页："构成主权的理想主义……"；同上："……构成特殊的领域和职能的理想性环节……"；第 324 节，第 341 页："……与国家内部各种权力成为整体的有机环节这一理想性是相同的……"
④ 就像亚里士多德举的例子那样，当手臂从身体上分离，它就不再是手臂了。
⑤ 《法哲学原理》，第 278 节附释。

的完善，而且同样由于未能达到本质而丧失了自身的完善。在有机体中部分与整体并没有利益冲突，因为部分只有成为整体的官能才能获得本己的存在，只有在其中发挥职能才是本己的活动。

黑格尔认为，国家主权与有机体的生命一样。① 国家的官能就是政府权力和社会机构。如果它们不服从某个单一权力的绝对权威的话，主权（以及国家）就不会存在。黑格尔将封建君主制视为无"内部"主权的例子②，因为在其中缺乏至高的权威，每个部门和团体都有自己的绝对权利和独立权力。这恰恰类似于有机体的不健康状况，各个部分都寻求自己的发展而不再满足于在整体中发挥功能。与之相反，健康的国家就像健康身体一样，任何官能都要听从整个生命的指导。

重要的是，我们不应误解这一学说。它并不意味，国家中的某一种权力和要素被提升到支配性的维度，国家就能具有主权。这反而是对主权的消解，就像有机体某一官能的活动服从于**另外一种官能**的利益就会消解掉有机体的理念一样。国家中任何单独的权力都不能成为主权的来源，就像有机体的健康并不在于其中某个官能的功能。

不过，黑格尔笔下的国家确实赋予专门实现主权的一个最终渠

---

① 《法哲学原理》，第 278 节附释。
② 同上。

道（尽管不是来源）某种权力，即立宪君主。① 国家的统一只有在发动战争或取消奴隶制这样的行动中才能得到实现。战争意志通过**宣战**而加以落实，取消奴隶制的意志通过**正式宣告**而加以落实。从意志到行动的最后一步只能通过一个人来完成，这就是君主的职能。他不得不消除个人性格，并且被仅仅限制在对某种意志行动做出最终表达上，而这种意志行动并不是他发起的。②

黑格尔与霍布斯主权观念的差异并不在于主权所在的地方。黑格尔笔下君主的无能与霍布斯笔下主权者的全能形成了对比。我们不能认为二者的差异只是由于黑格尔将主权挪到了国家的其他地方。主权从国王转移至人民，这与霍布斯的主权观念很容易协调，当然这也就意味着要像黑格尔那样将君主降低到相对无能的地位。但是黑格尔笔下君主的无能并不是由于这个原因。霍布斯称那种通过意愿而创造法律的权力为主权，它并没有被黑格尔从君主转移到其他的地方：它在黑格尔的国家中根本就不存在。

---

① 参见《法哲学原理》，第 279—320 节，尤其是 320 节，第 338 页："……主观性……构成王权的概念，它作为**整体的理想性**，到目前我们阐述的阶段为止，还没有达到它的权利和定在"；"君主的主观性……应该是弥漫于整体中的理想性。"

② 参见《法哲学原理》第 280 节补充中的惊人段落，第 302 页："在一个组织完善的国家中，问题仅在于作形式上决断的顶峰和对抗激情的自然堡垒。因此要求君主具有客观特质是不正确的。君主只用说一声"是"，而在 i 上御笔一点。其实，顶峰应该是这样的，即他品质的特殊性格不是有意义的东西。……在一个有良好组织的君主制国家中，唯有法律才是客观的方面，而君主只是把主观的东西'我要这样'加到法律上去。"

我们已经提到，创世论是主权观念的来源。它是基督教启示的基础性学说，尽管并不是其全部。基督教启示作为整体，几乎是所有现代哲学能体现其现代特征之来源。比如，它是黑格尔哲学中与柏拉图得以区分的几乎所有典型特征的来源。但没有任何一种现代哲学①吸收了基督教的全部理论。现代经验论的优点在于，其所有思考论域都牢固地建立在创世论基础之上；而缺点在于，它没有看到这并不是真理的全部。基督启示开始于摩西五经（Pentateuch），而非终结于它。相反，黑格尔吸收了很多基督教学说的真理，但却没有吸收创世论这一基础性学说；他掌握的是基督教结论性的真理，而没有掌握它们以之为基础的前提，因此也就没有掌握那些结论的全部意义。② 这种一般性的评价也能适用于他的国家哲学。

霍布斯的思想从头至尾都被这一前提所规定：一切现实之物都是被创造的，上帝的意志创造自然之物，人的意志创造人为之物。在这一前提之上，技艺与自然这一对子的双方都获得了新的意义：自然意味着被造的自然，技艺意味着创造性的技艺。所以当霍布斯说国家是"人造的"，他的意思并不是说它是技艺的产物，而是说它是人类意志的产物。它是意志通过订立契约的行为而创造出来的，而且它在意志自身实施的每一相继时刻都必须保持类似的创造性，

---

① 中世纪哲学也同样没有。
② 参见上文，第四章第 137 页。

193　而这就是主权意志。① 作为契约的产物，国家类似于创造性技艺的产物；作为主权意志的产物，它则远不止于此。主权意志本身被包含在其所创造的国家中；国家不仅是被意志创造的，而且还是被意志自我创造的，因而作为**自因**，它不同于技艺产物，也不同于自然产物。

但黑格尔所说的国家主权并不是意志的产物。他使用的术语就能透露出②：他称之为主权的东西本质上与构成生命的自然统一体没什么不同，它的强大就如同有机体的健康。

这就是为什么，议会民主制作为行使创造（而不是实施）法律职能的机构，在黑格尔的国家中并没有位置；或者说它的位置从作为意志实施的工具降低到作为教育的工具。黑格尔并没有将创造性的权力包含进国家本质中，因为他缺乏创造性意志的观念。这样他就像柏拉图一样受到限制，从而将任何实施于法律之上的意志视为对国家本质的颠覆。因而他带有担忧地坚称这些制度必须被剥夺实效性力量，而且立法行为本身不能参与法律制定，而仅仅根据事先被指定的一般框架而将法律具体化，这样法律反过来规定着立法

---

① 就像所有被造物为了持续的保存而要求它们一开始被创造时的那种权力永久地运作下去。主权意志与订立契约各方的意志在创造国家上的关系，就像神圣意旨与神圣创造在创造自然上的关系。

② 他总是用"有机体""有机的"这种术语来形容政治组织。参见《法哲学原理》，第256节附释、第259节、第267节、第269节、第271节、第278节附释和第286节附释。

行为。①

黑格尔尽管没有认识到这些前提,但是其蕴含的某些意涵的力量过于强大,从而使他不得不承认它们。与其整个"伦理"理论相悖,他承认议会制有助于促进某种意志的表达,这种意志并不服从理性②,包含着创造性意志除创造东西之外的其他所有特征。

远不止此。通过否认公民有权利诉诸某种抽离于国家之外的标准来评判国家,黑格尔就将**被造**物具有的普遍特征赋予国家。③这样黑格尔最著名的一个结论本身就是其不承认的前提的推论。一旦这一前提得到承认,他就同样必然得出进一步的结论,即以对国家本质和偶性的区分为基础的国家哲学是不可能的。

这样,黑格尔的主权学说除了术语上的不同之外,很难超越柏拉图。像柏拉图一样,他看到了国家的本质在于成员的统一,但他没有公正对待霍布斯的学说,即国家自己必须拥有创造自身统一性的意志。黑格尔不同于柏拉图最为明显之处在于,他坚持国家是有机统一体,即它是在差异中并通过差异而获得的统一性,而不是排除了差异的统一性。但他在这一点上与柏拉图的不同并不在于将国

---

① 《法哲学原理》,第 298 节,第 315 页:"立法权所涉及的是法律本身(**因为法律需要进一步限定**),以及那些按其内容来说完全具有普遍性的国内事务。立法权本身是国家制度的一部分,国家制度**是立法权的前提**,因此它本身是不由立法权直接规定的,但是它通过法律的不断完善、通过普遍行政事务所固有的前进运动的性质,得到进一步的发展。"

② 参见上文,第五章,前文第 172 页。

③ 参见上文第 185、188 页。

家视为某种超越自然统一体的东西，而在于如何构想这种自然统一体所包含的内容。

我们可以笼统地说，黑格尔通过反对霍布斯的"人造"国家观而回到了古希腊的"自然"国家观。但他对自然的理解通过引入两种新的重要因素而得到了修正：第一个是有机体要素，第二个是进化要素。我们最后来考察一下第二个要素。

黑格尔否认国家是"人造的"，但他肯定的并不是它的"本质"，而是它的"生成"。① 亦即，它不是在柏拉图城邦那种自然的意义上（理念作为事物本质的永恒存在），而是在作为自然发展的产物这一意义上。

对于某种没有蕴含创世观念的哲学而言，发展是某个目的现实化的时间过程。它是技艺过程还是自然过程，要根据它作为目的是不是人类心灵②所构想的，以及它作为手段是否取决于人类的选择。屋子出自建筑师的规划是技艺发展的例子，一棵树从一粒种子中生长出来则是自然发展的例子。柏拉图认为，他的城邦只有以前者的形式才能生成，因此他接受了这一后果，即它的实现必须等待某种可能无法实现的条件：政治家生来就应该知道其所实现的规划。黑格尔摆脱了这一结论，因为他有一个最基本的信条：理想国家已经**得到了**实现（the ideal State *is* realized）。因此他不得不接受第二个选

---

① 参见《法哲学原理》，第 298 节补充。
② 如果这一目的被**神圣**工匠设想为目的和选择为手段，那么这一发展就仍然是自然的。

项：国家的当前状态是目的论过程的结果，而这种目的并不能被任何人类主体所设想，人类主体的行为反而成为它借以实现的手段。

这就是世界历史将其自身展开而发展到现代的过程。它是一种发展，因为它朝向某种目的；这种发展也是自然的，因为它的目的就是"世界精神"（Weltgeist）的目的。后者将历史上的人类主体作为无意识的工具来**利用**，从而实现自身的目的①，世界精神与人类主体之间就有点像神圣工匠与自然生长过程的关系。被世界精神作为达到目的的手段来使用，这构成了某个民族或某个事件的历史重要性以及某一个体的伟大。

伟大和历史重要性这两个观念对古希腊哲学完全陌生，黑格尔对二者的引入标志着在吸收非希腊哲学观过程中的重要进步。但值得注意的是，它们没有被黑格尔引入严格意义上的国家哲学，而是被引入国家哲学以之为前提的历史哲学中。

这样，伟大人物的意志完成了主权意志的根本职能：它产生法律，从而规定了国家中所有权力活动。这不仅包括政府权力，而且包括立法②和君主本人③的权力。但它恰恰由于外在于所建构的国

---

① 这就是著名的"理性的狡计"学说。《法哲学原理》第 298 节附释提供了某种解释来说明历史上重要人物的自私和激情行为如何导向了某种他们没有预料到的目的。在第 344 节，中文版，第 353 页："国家、民族和个人"在世界精神进行的事业中充当"不知不觉的工具"。在第 348 节（中文版，第 354—355 页）这一点得到明确的表达，世界精神的事业"躲避着他们，所以不可能是他们的客体和目的"。

② 《法哲学原理》，第 298 节；本书第 193 页注释 3（中文版第 191 页注释 1），前揭。

③ 《法哲学原理》，第 280 节补充；本书第 191 页注释 1（中文版第 188 页注释 2），前揭。

家，因而**不是**主权意志。当伟大人物不自觉达到的国家得到完满实现，他们的任务就结束了。黑格尔的国家由于缺少用来表达这一意志的机构，未能达到充分和真正意义上的主权。仅当历史上伟大人物的实效性权力能被转移到（黑格尔斥责为无效的）"政治"意志中，并且通过议会民主制（黑格尔的国家中削弱了这一制度）而得到表达，黑格尔的国家才将获得霍布斯在其共同体构想中所说的那种"人造的"特征。

伟大人物的意志，按其本性不同于我们上文在黑格尔国家中区分出来的那五种意志。① 它有点像我们之前说的那种"政治"意志，并无任何可能被纳入到"伦理"的内涵之中从而归摄到这一概念之下。被称为"伦理的"行为，最起码得要求它符合某种法律。而根据黑格尔的理论，这一行为的可能性要预设所服从的法律事先已经在历史上某个国家具体实现。但恰恰是这种作为之后主体伦理行为条件的具体实现，首先是由伟大人物的行为创造的，这样它事先的不在场恰恰使这些伟大人物摆脱了严格的道德性束缚。"政治"意志被保留在国家中但被剥夺了实际的效用，伟大人物的意志保留了实际的效用但却被排除在国家之外。

像"政治"意志一样，伟大人物的意志也展现出了某种创造性意志的典型特征。首要的特征在于它独立于理性，这一点在黑格尔坚称伟大人物的意志并没有被某种目的观念所引导的时候得到了强

---

① 参见前文第五章，第 177 页。

调。但可能更重要的特征在于它被赋予"伟大"这一称号,因为将伟大赋予艺术家或政治家这样的人就是依据他所具有的创造力。①

如果像黑格尔所描述的那样,这种人物的活动被赋予"伟大"这一称号似乎并不合适。他们扮演工具性的被动角色,在其被用来创造伟大作品时并无任何主动性。这是因为黑格尔缺乏真正的创造性意志的观念,从而将其分割为伟大人物的意志和"政治"意志,赋予前者有实际效力但无主动性的特征,而赋予后者有主动性但无实际效力的特征。只有当这两种意志结合在一起时,创造性意志才能得到实现。这种结合出现在主权被赋予通过议会制而得到表达的意志的时候。而这似乎就是代议民主的积极贡献,它将伟大人物享有的某些创造行为(尽管是少量而间断的)扩展到国家的所有成员。

威廉·科贝特(William Cobbett)在表达议会民主制的根本原则时说:"我们的社会权利众多;享受生命和财产的权利;以不伤害他人的方式运用身体和精神力量的权利。但所有当中最重要的权利就

---

① 这与下一观点是一致的,古希腊人由于缺乏创造观念,也就缺乏伟大概念。几乎没有一位哲学家将创造及其同类的观念吸收到哲学思考中,这一点就表明了这一问题的极度困难。就我所知,唯一的例外是黑格尔,他严肃地思考了伟大性问题。康德在《判断力批判》中的天才理论,就其涉及创造性艺术家而言,也触碰到了这一问题。在当代哲学家中,克罗齐提到了这一主题,但他认为伟大属于他所说的"经济"活动的特征,这很明显就错了。最近这些问题在伯格(W.G.de Burgh)教授提出的伟大与善的关系中又出现了("On Historical Greatness",出版于 Proceedings of the Aristotelian Society,1932,XI 卷增补)。我同意他对克罗齐的批评,在与他讨论该主题时也受益良多。

是**参与制定我们服从的法律之权利**。没有它就根本**不会有权利**。"①他首先提到的是社会权利而非政治权利。对它们的维持只需要建立一套正义的市民法体系。但是最后一个,"所有当中最重要的权利",就是自由的权利②,按其本性只有当"社会"成为"国家"之时它才能得到实施。那些议会制度——不仅包含代表制,而且还包含使得后者产生效力的其他制度——按其本性都是主体参与创造其所服从的法律的实现手段。而那些对议会民主理解甚浅的哲学家将代议制看作现代国家疆域上扩大而不得已的设计,从而将其视为古希腊民主城邦公民大会的次级替代物。③ 代议制这一观念并不是对城邦完美运行之物的不完美运行,而是对完全另外一种自由的实现,古希腊人从来没有过这种自由观念。古希腊民主制下的公民自由指的是拥有与本邦其他公民进行统治的同等权利,而不是指拥有创制法律从而将统治者限制在法律执行上的同等权利。根据古希腊的统治观,统治者创制法律,就像医生发明医学一样。但议会民主制下的公民并没有被赋予统治权或参与统治活动的权利;议会民主制让公民有

---

① 《给年轻人的建议》(*Advice to Young Men*),第六章第 332 节。
② "没有它我们就会是一名奴隶,名副其实的奴隶,不能享有制定遵守的法律。"同上。
③ 约翰·密尔:《代议制政府》,第三章,汪瑄译,北京:商务印书馆,2009 年,第 52 页:"既然在面积和人口超过一个小市镇社会里除公共事务的某些极要的部分外所有的人亲自参加公共事务是不可能的,从而就可得出结论说,一个完善政府的理想类型一定是代议制政府了。"密尔的这一结论实际上并不能从他的前提中推论出来,符合逻辑的结论应为:完善政府的理想类型应该是小市镇。

权参与的是完全不同的活动，它不是统治者而是主权者的活动，即支配法律以使统治者执行的活动。

黑格尔国家中的公民完全缺乏这一自由。

黑格尔的这些结论源于其对这一悖论后半句的理解，即国家要么是人为产物，要么是自然发展的产物。而他如果获得创造观念，就能够避免这一悖论。如果唯一可知的过程是目的论的，那么只有当构想它的人类行动被导向一个目的之时，历史过程（国家作为其产物）才是可知的。那么就只有两个选项：要么这种目的被个人主体视为意图，要么这些主体被用来作为手段从而实现某种他们并不能理解的目的。他们要么本身是国家的创造者，要么是神圣创造者手中的工具。要么认为他们对自己行为有自觉，要么将其视为不自觉地充当实现某种目的的工具，除此之外并无其他可能。接受前一选项就相当于承认，过去历史的进程实际上是在哲人王一系列努力的引导下发生的。而黑格尔不得不选择后一选项。

而一旦突破了德穆革（神圣工匠）的整套术语的限制，我们就没必要在将人类主体视为创造者还是工具之间纠结。事先对其行为导致的目的并不自觉，这是创造性的艺术家区别于工匠的标志，因而人类主体在历史中的不自觉这一点与其说是沦落到工具层次的标志，倒不如说是升格为创造者层次的标志。①

---

① 作者在正文中区分了"Demiurge"的大小写，我们分别译成"德穆革"和"工匠"以示区分。——译者注

创造的作品被理解的方式不同于有目的赋形的作品,后者通过对其本质的明确把握而加以理解。但创造的作品并非不可理解。我们可以通过比较赋形产品和创造性技艺产品来解释这两种理解方式的不同。比如一件工具或一台机器只有当其所服务的目的被理解之时才成为可知的;而其目的作为观念对象,不同于任何特殊示例的感官经验对象。创造性技艺的产品也可以这样被理解,欣赏一幅画并不仅仅是对构成它的颜色画面之感官把握。但它并不同于工具被理解的方式,因为它并不仅仅是颜色斑块的聚合,其"意义"(姑且这么称呼)不能成为观念的对象从而与对其的感官把握相区分。

同样类似的,创造作品的过程可以被理解为某种发展,但这种发展并不带有对其服务之目的的明确观念。换言之,被造物可能会有无目的的发展,这一点可以通过创造性艺术的历史来解释。① 比如

---

① 这一点从生物学领域可能会得到更好的解释。根据前-达尔文的理论,比如马勒伯朗士(Malebranche)的理论,世界上生存下来的物种被理解为上帝创世时为自己设定的目的,在有机自然中发现的运动被认为是实现这种目的的手段。有机世界中的运动和变化因而被认为是目的论的,而且只有对于理解这一目的的人而言才为可知的(前-达尔文自然学家通过寻找存活物种的"自然"分类的方式将发现这一目的的设定为自身的任务。参见《不列颠百科全书》(Encyclopaedia Britannica),第 11 版,"动物学")。

马勒伯朗士本人将自然处于目的论发展中这一理论与物种的确定性这一信仰相结合,但这一理论从本质上却与物种进化这一信仰并不相符。可能更好的观点是,物种分配这一神圣计划要么现在就得到了实现,要么尚未得到实现,而物种已经经受的长时间进化以及仍需经受的改变和转化是最终实现上帝一开始设计的原初规划的手段。这种进化是目的论的,同所有目的论发展一样也仅对可以理解其所朝向的目的之人可知,无论此人认为这一目的现在已经实现还是留待未来实现。

黑格尔将人类历史的进程理解为这样的目的论进化。他的"世界精神"(转下页)

某一个时代的绘画可以被理解为从上一个时代发展而来,但这种发展并不被理解成更接近某种彼此区分的完美或目的。类似地,政治史,就其作为人类创造性活动的产物,可以在不将其作为目的论过程的同时被理解为某种发展。

但同其他地方一样,黑格尔在这里也没有洞察到创造论的重要性。正如他将实践活动设想为只有被概念支配才具有价值一样,他并不能想象某种非目的论的发展。如果人类历史是一个目的论的进程,那么它就只能通过理解其目的而成为可知的。这种目的不同于任何事件的经验规定,后者只是实现它的手段。因而黑格尔就不可避免地做出历史哲学与经验性历史学这种错误的区分,二者的研究

(接上页)与人类发展的关系,和神意与动物进化的关系一样,如果按照上述那种生物学理论的话(他认为这一进程已经结束,目标在当下已经达到)。

现代生物学理论(我仍然称其为"达尔文式的",尽管我并不想对达尔文个人对此理论的贡献进行评估)的革命性特征就不在于建立在物种进化这一观念的基础上,而是在于建立在非目的论的物种进化这一观念基础上。它认为,物种在时间上的相继是某种发展,但这种发展指的并不是后起的物种更加接近其所实现的目的;它确实区分了高级物种和低级物种,但根据的并不是与这些物种不同的某种理想性观念。

这只是意味着,达尔文式的生物学将属于创造物的那种发展赋予自然物种。达尔文名下的生物学最早采纳了动物是创造物这一基督教真理。他正统的前辈们相信这一点,但这一信仰尚未渗透进其科学研究中。他们宣告了自然王国是造物主的产物这一信条,但他们在科学研究中似乎将其当成德穆革的产物〔作者前文严格区分了基督教的造物主和古希腊的德穆革这两种观念。——译者注〕。

黑格尔的历史哲学和前-达尔文的生物进化论面临类似的缺陷,而且都是出于相同的原因:它没有吸收基督教创世学说中的真理。

对象分别是历史目的和历史进程的手段。①

如果说黑格尔没有认识到人类活动中的创造性,那么他同样也没有认识到神圣活动中的创造性。他整个历史学说的确可以被说成依赖于下面两个事实:他的哲学吸收了基督教关于神意(a divine Providence)支配人类事物这一学说中的真理,但却没有吸收基督教神创论(divine Creation)中的真理。由于前者,他可以坚称理想国家是现实的,而没有像柏拉图那样不得不设定一个不能实现的条件:它的理念事先已经被创造它的人所把握。而后者那种错失成为与他的"世界精神"学说和历史哲学相关的那些困难的根源。简言之,"世界精神"体现了某种神意,但却是神圣德穆革而非神圣造物主的神意。这样"世界精神"与其所产生的人类主体之间就类似于工匠与工具的关系。而最重要的是,它的运作通过某种意图而朝向某种目的,它所引导的实现过程处于某种目的论中,而其所朝向的目的可以在思想上区别于目的借以达到的手段或借以实现的质料,就像任何工匠的产物那样。

黑格尔本人宣称,其"世界精神"学说是哲学的,因此是对真理的充分领会。而同样的真理在宗教神意论中只得到了想象式的不充分体现。他将下述观点视为体现宗教想象的某种缺陷的标志:坚持神意论的人,尽管断言存在一个神圣计划,但却否认这一计划是

---

① 这一区分的错误之处已经被广泛认识到了,因此这里省略了进一步的分析。我特别要感谢克罗齐对此学说的有力批评。无需赘言,黑格尔自己的实践会使人对其理论产生错觉,而且在他称为历史哲学的东西中包含了太多的大写历史。

可知的。^① 他因此宣称哲学的事业就是要穿透宗教所认为的那种不可捉摸的神秘。但在这一坚称中，黑格尔曲解了他试图"转化到概念中去"的那些真理。神圣计划不可捉摸，这肯定是不充分的表达；但它不充分表达的真理并不在于上帝的计划可知这一点，而在于上帝作为造物主而非德穆革，根本不会按照某种**计划**行事。黑格尔并没有真正用对基督教中所蕴含真理的概念理解代替宗教想象；他只是在用古希腊的技艺观取代基督教的创世观。

---

① 参见《法哲学原理》，第343节附释。

术语表

（以下是本书出现的古希腊语及其最贴切的英语表达）

Andreia, courage.

Arche, rule.

Arete, virtue.

Chrematistike, money-making.

Demiurge, craftsman.

Dikaiosune, justice.

Doulos,-eia, slave, slavery.

Eidos, form, species.

Eleutheros,-ia, free, freedom.

Episteme, scientific knowledge.

Epithumia, desire.

Hexis, acquired disposition, character.

Logistikon, To, the faculty of reason.

Logos, reason.

Muthos, myth.

Nomos, law.

Nomothetes, lawgiver.

Orthe Doxa, right belief.

Paideia, education.

Polis, city.

Sophia, wisdom.

Epithumetikon, To, the appetitive.

Sophrosune, temperance. element (of the soul).

Stasis, faction.

Techne, art, craft.

Thumoeides, To, the spirited element (of the soul).

Thumos, anger, spirit.

译后记

这是一部政治哲学史名作。本书篇幅不大,但却蕴含了异常丰富的思想。总体来看,我觉得主要有以下三个方面值得注意。第一,该书作者福斯特正逢英国新黑格尔主义运动,又曾经在德国接受哲学教育(导师为理查德·克罗纳),故其思想倾向和研究风格深受黑格尔主义影响。他一开篇就指出,"哲学思考就是哲学地研究哲学史。"哲学研究不同于古典学研究,后者专注于文献考证和历史编纂;它也不同于纯粹的玄思,后者脱离了思想史背景。哲学作为科学之科学,在客观对待和批判检审思想史著作方面具有其独特的严谨性和规范性。如何哲学地研究哲学史,这本书为我们提供了成功的示范。不过,尽管作者推崇黑格尔式的研究方法,在最终立场和具体观点上却有其自身的神学关怀。相信读者在阅读过程中也会感受到这一点。

第二,此书分别对柏拉图和黑格尔的政治哲学作了阐述,但这两部分并非平行。作者侧重于从黑格尔的视野来分析和批判柏拉图(当然这并不意味着福斯特没有对黑格尔进行批评)。非常有趣的是,这本书在当时产生的影响似乎主要在第一部分,即对柏拉图的解读上。估计是由于此书对柏拉图采取的批判立场所导致。伽达默尔认为，福斯特没有严肃对待柏拉图作品中的对话－辩证法特征，同时也混淆了亚里士多德和柏拉图的形而上学。[①] 我觉得这个批评很中肯。比如我们在书中可以看到福斯特用形式与质料来分析城邦秩序和灵魂秩序。另外，福斯特认为，《理想国》中的城邦正义和灵魂正义这一类比并不成功。这一核心观点在某种意义上推动了此后的相关讨论。不过需要注意的是，福斯特并没有采取单纯的概念分析和文本论证的方法，而是将柏拉图的文本置于思想史视野中来考察。

第三，福斯特将柏拉图和黑格尔的政治哲学与其形而上学相关联。不同于许多思想家对实践哲学相对自主性的强调，福斯特认为政治哲学与形而上学不可分割，甚至古今政治哲学的差异根本上就在于形而上学上的不同。这种从形而上学来分析政治哲学的视角，构成了本书又一大亮点。除此之外，作者对自然法与实定法、理性与历史、正义与自由、统治与主权等问题也作了深刻的分析和阐述。

我初次接触到这本书，是在念硕士的时候。彼时的我对列奥·施特劳斯的政治哲学兴趣正酣。相较于法哲学，施特劳斯更为重视黑格尔的历史哲学。施特劳斯从卢梭开启的现代性第二次浪潮的背景下来审视黑格尔，将其视为第一波历史主义的代表。我对施

[①] 伽达默尔:《希腊哲学I》，马小虎、王宏健等译，北京：商务印书馆，2023年，第497—500页。

特劳斯的这一解读并不太满意。如何从法哲学的角度来理解黑格尔乃至整个西方政治思想呢？福斯特的这本书当时在很大程度上解决了我的困惑。它隐含了一条从黑格尔政治哲学视野来看的思想史脉络。现在通过翻译再次回看这本书，我依然觉得它不失为一部政治哲学的典范之作。

感谢北京大学出版社！感谢责任编辑王晨玉的大力支持和辛苦付出！感谢好友苏峻和梁辰在术语翻译方面对我的帮助！译者能力有限，难免出现讹误错漏之处，还请读者不吝教正！

本书得到中央高校基本科研业务费专项资金项目（项目编号：3162016ZYKD06）资助。

孙铁根
2024 年 3 月　于北京